中国极地科学考察先进个人典型事迹汇编

国家海洋局人事司　编

海洋出版社

2018年·北京

图书在版编目（CIP）数据

中国极地科学考察先进个人典型事迹汇编 / 国家海洋局人事司编. — 北京：海洋出版社，2018.1

ISBN 978-7-5210-0022-1

Ⅰ.①中… Ⅱ.①国… Ⅲ.①极地—科学考察—科学工作者—先进事迹—中国 Ⅳ.①K826.1

中国版本图书馆CIP数据核字(2017)第327928号

责任编辑：高朝君　肖　炜
责任印制：赵麟苏

海洋出版社出版发行

http://www.oceanpress.com.cn

北京市海淀区大慧寺路 8 号　　邮编：100081
北京朝阳印刷厂有限责任公司印刷
2018 年 2 月第 1 版　　2018 年 2 月北京第 1 次印刷
开本：787mm×1092mm　　1 / 16　　印张：10.5
字数：160 千字　　定价：60.00 元
发行部：62132549　　邮购部：68038093
总编室：62114335　　编辑室：62100038
海洋版图书印、装错误可随时退换

目　次

郭琨同志先进事迹

郭琨，男，汉族，1935年9月出生，河北涞水人。1956年8月参加工作，1962年7月加入中国共产党。毕业于哈尔滨军事工程学院。曾任国家南极考察委员会办公室主任、中国南极研究学术委员会副主任、中国科学探险协会副主席。现为中国科学探险协会顾问、中国科普作家协会会员，高级工程师。曾获国家海洋局中国南极考察科学研究科技进步奖特等奖、国家科委中国南极考察科学研究科技进步奖二等奖。

郭琨同志是中国南极事业的开拓者之一，是中国开展南极考察和建设科学考察站的组织者和最终实施的主要负责人。他始终围绕着"南极怎么样""中国为什么开展南极考察"和"中国怎样开展南极考察"等战略问题进行深入思考。他亲自参与了中国早期南极考察的策划和实施的全过程，而且亲临第一线，与考察队员们一起经历狂风巨浪和冰雪严寒。郭琨把毕生精力和全部才华都献给了新中国的南极事业，南极已经成为他生命中难以割舍的一部分，南极事业已融化在他的血液中。

郭琨同志于1982年1月首次赴南极考察，前后共七下南极，两次荣立一等功。1984年11月至1985年4月，面对自然环境极其恶劣、物资相当匮乏、经验严重不足的不利条件，他作为中国首次南极考察队队长，身负党中央、国务院和全国人民的重托，在国家海洋局党组的直接领导下，身先士卒、呕心沥血、不畏艰险，带领全体考察队员团结一致、顽强拼搏，完成了中国南极长城站的建设，并担任首任长城站站长。首次南极建站，标志着中国人在地球的最南端有了立足点，从此可以为探索南极的奥秘做出自己的贡献，在国际政治舞台上对南极事务终于有了发言权。1988年11月至1989年4月，郭琨又领导建设了中国在南极的第二个科学考察基地——中山站，并担任首任站长。

在郭琨同志担任南极考察委员会办公室主要领导期间，为了做好南极建站的准备和实施工作，他充分调动国内有限资源，整合各方力量，统筹安排计划，搭建科学、高效的工作平台，并为早期的南极建站活动开展制度建设，为后续考察工作奠定了坚实的基础。他也是中国积极参与国际极地事务、加入国际极地组织的重要推动者和实践者，多次出席《南极条约》协商国会议、国家南极局局长会议并率团参加南极研究科学委员会会议。

作为中国南极考察的代表性人物，郭琨同志以自己的拼搏和努力诠释了"爱国、求实、创新、拼搏"的"南极精神"。他是南极考察队员的榜样，也可以说是一面旗帜。郭琨同志所展现出的强烈的爱国热情、为国争光和为中华民族争气的精神以及他多年来所走过的实践历程，仍在激励和鼓舞着南极考察的后继者们发奋图强，不断进取，去取得一个又一个新的成果。

郭琨同志的主要著作有：《海洋手册》《中国南极长城站》《白色的大陆》《中国南极科学考察画册》。与他人合作主编了《神奇的南极》丛书十本，并获得了第七届中国图书奖。撰写了《南极气候特征》等论文。

赵进平同志先进事迹

赵进平，男，汉族，1954年11月11日出生，山东青岛人。1970年2月参加工作，中共党员，现任中国海洋大学实验室主任，教授。2001年入选国家海洋局骨干科技人才，2005年入选青岛市"将才计划"，2010年入选山东省"泰山学者"。

作为我国专门从事北极研究的科学家，赵进平同志数十年如一日，致力于极地考察和研究，为极地科学的发展做出了突出的贡献。

1984年，赵进平作为首次南极考察队队员参加了南大洋的考察。1995年，他作为7名队员之一参加了民间组织的我国首次远征北极点的科学考察，靠滑雪到达北极点。1999年，他参加了国家组织的中国首次北极科学考察。此后，他还参加了2003年、2008年和2010年的北极考察。最近10年，赵进平依托科技部和极地考察办公室的项目，组织了由中国海洋大学提供飞机支持的加拿大多年冰区考察（2010年）、北极海雾考察（2014年）以及两次北欧海考察（2014年，2015年）共4次北极考察。此外，赵进平努力推动12个国际合作航次，他本人参加了加拿大、美国和韩国等国家组织的北极考察，共8个航次。他迄今15次前往北冰洋考察，具有丰富的极地考察经验。

随着北极科学研究的发展和对北极考察的强烈需求，赵进平开展了传统的物理海洋学观测研究，并不断创新发展北极考察的方法和手段。他在世界上首次提出光在海冰中侧向衰减的概念，并设计了埋入式观测方案，取得了重要的成果；开发了冰底光学观测仪器，并依据仪器的数据获得了可靠的计算方法来计算海冰吸收的太阳辐射；提出并推动使用系留气球携带设备进行海雾光学剖面观测，成为国内外独创的海雾观测新手段；坚持海洋光学观测10年，完成了14个航次的光学数据收集，使我国成为拥有北极光学观测数据最多的国家。这些观测技术的进步，大大推动了北极科学研究的发展。

此外，赵进平承担了海洋公益项目，开发并在北欧海布放了我国的大型海气耦合浮标，成为北欧海唯一的此类浮标，在最大浪高超过16米的恶劣海况下持续运行了3年。他组织开发了超长寿命漂流浮标（平均使用寿命达到2.2年）和我国独创的上层海洋冰基海洋剖面浮标，至今已完成300多个剖面的测量。这些自动观测设备使我国的北极考察从单一的夏季考察拓展到全年考察，大大增强了我国的北极考察能力。随着布放在北极的自动观测仪器越来越多，现在研究人员可获得多种实时数据。在校方的支持下，赵进平创建了国内首个北极实时观测中心，推动整个团队利用实时数据开展研究，并为国内外用户分发数据，为未来北极观测网建设的数据管理和应用奠定了基础。

在北极考察的基础上，赵进平带领的专业团队开展北极研究，在海洋、海冰和大气各个领域取得丰硕成果。他成功地观测到光在海冰中的侧向衰减，获取了冬季和夏季海冰中光的侧向衰减系数，认识到侧向衰减引起的能量消耗，最终定量获取了北极中央区的能量收支数据。他将温盐深数据与光学数据相结合辨识水团，丰富了对水团和环流的认识。他发展的一系列海冰光学观测手段成为海冰、积雪、融池研究的重要数据源，推动了相关研究的发展。

在过去10年，赵进平领导的北极研究获得了2个国家自然科学基金重点项目和1个"973"项目的支持，并获得了极地考察办公室南北极考察专项的支持，取得了丰富的成果。他和团队的师生在北极物理海洋学、海冰物理学、海洋和海冰光学、北极气候变化等领域取得重要进展，在冰海耦合数值模拟、卫星遥感等方面发展相关的应用技术。赵进平对北极科学有整体性的布局，努力推动对未知区域和现象的探索，成为勇于拼搏、知识广博的北极学者，也是国际知名的中国北极科学家。他在10年的时间里完成了100余篇论文，有些论文在《JGR-Space Physics》《Deep Sea Research》《Tellus》等国际一流期刊发表。

赵进平努力推动北极领域的国际合作，在促进中国的北极科学研究与国际接轨方面做了不少工作。他由此当选为国际北极科学委员会下辖的北冰洋科学理事会（AOSB）副主席，这是此职务第一次由欧美国家以外的人士担任。赵进平作为中方代表积极参与多个国际科学合作项目和计划，并担任国际北极变化研究中国秘书处的秘书长。他本人与美国、加拿大、挪威和韩国的极地研究机构保持长期合作，建立了通畅的国际合作渠道和良好的国际信誉。

赵进平长期担任博士生导师，每年保有的研究生数量为10～15名，10年来培养了博士毕业生18人，为国家极地研究机构输送了宝贵人才。他领导的"极地海洋过程与全球海洋变化重点实验室"不断发展壮大，成为人才济济、实力雄厚的研究团队。他每年多次参加社会组织的北极报告会，传播北极知识，为青少年认识北极并激发对北极的兴趣做了大量工作。

赵进平不仅身体力行地参加北极考察和研究，而且从国家的战略高度思考我国北极科学的长远发展；在有关部门的支持下，对我国的北极观测网建设、北极西北航道的发展战略、北极科技发展战略、维护和拓展北极科考察权等方面作了系统的研究，撰写了4篇极地战略研究报告，发表了多篇科学与管理相结合的研究论文。赵进平还作为北极专家参加国家海洋科学领域"十三五"规划的制定，为繁荣我国的极地科学做出了贡献。

李金雁同志先进事迹

李金雁，男，汉族，1954年12月出生，1975年参加工作，中共党员。赴南极考察期间多次被评为"优秀队员"，2014年荣获"优秀共产党员"称号。

李金雁同志曾任中国科学院地质研究所（现中国科学院地质与地球物理研究所）车队队长，长期参加青藏高原野外地质考察及极地考察活动，工作勤恳敬业，汽车驾驶和维修技术精湛。

1998年，李金雁被选派参加我国首次南极格罗夫山综合考察活动。他与其他3名队员一起发扬"南极精神"，克服艰险，在极其困难的条件下圆满完成了任务，为中国南极考察事业开辟了一个全新的领域。

从1998年至今，李金雁参加了全部7次南极内陆格罗夫山野外考察，是国内唯一参加过格罗夫山全部考察活动的人。作为机械师，他始终全心全意为考察队员提供车辆驾驶和维修保障，吃苦耐劳，助人为乐，努力克服狂风、严寒和冰裂隙危险，保障考察队安全，成为历次格罗夫山考察队最受欢迎的"福星"和最靠得住的"安全保障"。缪秉魁曾说："很幸运我们在科考的过程中，有一位经验丰富的老机械师李金雁，他曾6次到达格罗夫山考察，是我们的'活地图'。"李金雁历尽艰辛，成绩斐然，得到极地考察队伍的普遍赞誉。领导和队员都说，只要李金雁参加考察队，大家心里就轻松了许多。他在考察过程中还努力学习各种地球科学知识，为考察队避险、提高工作效率献计献策，并亲自发现回收了大量陨石样品，贡献很大。

极地考察期间，身处地球的寒极、旱极、风极，面临低气压、暴雪、极端干燥、强紫外线伤害，生物钟紊乱、饮食起居条件艰苦，没有任何外力资源可以调动，李金雁克服了所有困难，保证了科考任务的顺利完成。"首席机械师"的称呼对他来说既是荣誉又是责任，科考队员、设备的安全全部掌握在他的方向盘中。而李金雁凭借丰富的经验，屡次救科考队员于危急之中。对于科考用车的保养，极地环境要求更是苛刻。李金雁对科考用车极为爱护，每天科考任务一结束，他都会在维护、保养车辆上花费很长时间。

作为南极格罗夫山考察先驱之一，李金雁先后7次深入格罗夫山考察：

1. 1998—1999年，中国第15次南极考察期间，在原中国科学院地质研究所研究员刘小汉带领下，李金雁作为首席机械师，驾驶一辆雪地车首次闯入冰裂缝密布的格罗夫山地区，并采集到4块南极陨石。

2. 1999—2000年，中国第16次南极考察期间，李金雁协助10名队员历时58天，对格罗夫山地区的53座冰原岛峰进行了地质、冰川测绘等多学科考察，采集陨石28块。

3. 2002—2003年，中国第19次南极考察期间，李金雁作为首席机械师，协助南极队员在格罗夫山地区进行了陨石采集、地质调查、测绘和冰雪调查等多学科考察活动，共采集陨石4448块，使中国的南极陨石拥有量一举跃居世界第三。此外，考察队员对格罗夫山地区进行了1∶10万全面遥感测图，这是人类在南极格罗夫山地区首次进行的大范围全面遥感测图。

4. 2005—2006年，中国第22次南极考察期间，李金雁作为首席机械师，带着全队所需给养深入格罗夫山地区，协助开展了陨石采集、冰川综合环境演化、地质填图、遥感测绘等科考活动，共采集陨石5354块，进一步证实格罗夫山地区是一个非常有潜力的陨石富集区。

5. 2009—2010年，中国第26次南极考察期间，李金雁作为首席机械师，负责车辆维修及物资运送。他协助10名队员经过10天的艰难跋涉，于2009年12月27日顺利抵达格罗夫山地区，执行地质调查、陨石采集、测绘、生态环境研究等9项科学考察任务。

6. 2013年11月至2014年4月，中国第30次南极考察期间，李金雁作为车队领队，与10名队员深入格罗夫山采集陨石，首次发现重达1300克的灶神星陨石。

7. 2015年11月7日至今，李金雁作为首席机械师，参与中国第32次南极科学考察，再次深入格罗夫山考察……

李金雁的南极故事仍在续写，他为我国南极考察事业做出了巨大的贡献和牺牲，是取得重大考察成果的有力保障。李金雁没有拒绝任何一次考察邀请，没有放弃任何一次对南极的探索，更没有因背井离乡而心生抱怨。他热爱极地，将人生中的宝贵年华献给了极地，即使冰裂隙随地可见，他也从未畏惧。极地给予他的不仅是事业，更是人生的信仰和对科学的执着追求。李金雁用自己的行动带动着参加极地考察的每一名队员，也用自己的故事感动着中国。

罗煌勋同志先进事迹

罗煌勋，男，汉族，1965年10月出生，湖南株洲人。1997年参加工作，工程师，现为中国中铁建工集团有限公司国家极地档案馆业务楼项目部工作人员。曾被评为中铁建工集团有限公司2012年、2013年度劳动模范。

罗煌勋同志是中铁建工集团的一名专业技术工人，自2007年以来，连续7次参加中国南极科学考察队。在南极工作期间，他凭着对祖国的一片赤诚，勤学苦练，从一名普通的农民技工成长为优秀的项目部现场施工负责人，成为令极地建设者钦佩的劳动楷模，为极地建设的发展谱写出无私奉献的新篇章。

在南极中山站"十五"到"十一五"能力建设期间，罗煌勋同志带领中铁员工，顶着紫外线的强烈照射，迎着寒风、暴雪等恶劣天气，克服了极昼和极夜带来的生理挑战，优质高效地完成了污水处理栋、废物处理栋、车库、综合库、综合栋、高空物理观测栋、高频雷达机房、越冬宿舍楼和主发电栋等建设任务。

他常说："当一个好工人，既要学习理论钻研技术，又要苦干实干，更要巧干会干。"在南极极端恶劣气候条件下，罗煌勋同志组织队员们经过上百次的摸索、试验和总结，探索出了"超低温混凝土浇筑法""坚硬岩石钻孔法"等多项极地施工技术，填补了国内极地建筑领域的技术空白；他参与编制的《南极中山站项目综合施工技术研究》获得中国铁路工程总公司科学技术一等奖，这些技术在极地建设中得到了推广。在南极的一千多个日日夜夜里，罗煌勋同志带领着中铁建工勇士们在极昼、烈风、酷寒、暴雪等困难面前，继承和发扬了"爱国、求实、创新、拼搏"的"南极精神"，不辱使命、奋勇拼搏，被中国南极科考队誉为特别能吃苦、特别能战斗的极地"钢人铁军"，被国外专家称赞为"中国铁军"。

2011年10月26日，身为队长的罗煌勋同志带领着17名队员正在进行南极建设材料的装船作业。就在下午5点，一个突如其来的电话让所有准备出征的队员感到震惊和意外。这个电话是罗煌勋的妹妹打来的，她哭着告诉哥哥，母亲突发脑血栓，正在医院重症监护室抢救。罗煌勋听完电话陷入了焦急之中，公司领导闻讯后催他赶快回去看看老母亲。在医院，罗煌勋跪在母亲的病床前，望着不能说话、打着点滴、眼噙泪花的老娘，罗煌勋把她的手贴在了自己脸上。此时，这个在极地建设中遇到任何困难都面带笑容的钢铁汉子，也不由得流下了泪水，对母亲诉说着自己的愧疚。此后，他日夜服侍在母亲的床前。11月3日，在短暂的停留后，罗煌勋带着对病床上母亲的牵挂，赶回了出征的队伍，随第28次南极考察队乘"雪龙"号科考船出征南极。虽然罗煌勋并没有完全尽到对母亲的孝心，但却尽到了对祖国母亲的拳拳之心。到达中山站后，用于运输南极物资的KA-32型"雪鹰"号直升机因极寒气候在作业时出现故障，直接影响到现场施工材料的运输。作为中铁项目部现场负责人，面对突如其来的变故，罗煌勋同志沉着应对，立即展开了突发事件应急工作。他安抚队员情绪、调整工序、合理组织施工，带领勇士们克服重重困难，硬是用人力配合简单的设备，日夜不停地奋战，最终胜利完成了工程建设任务。为此，2012年3月，中国第28次南极考察队领队李院生向中铁建工集团发来感谢信，信中写道："在本次南极考察中，贵单位派出的罗煌勋等18名同志在南极考察期间尽职尽责，克服直升机突发事件带来的困难，尽最大努力执行考察任务，为本次南极考察做出了重要贡献，表现优秀。对此，我们深表谢意！"

2012年11月，罗煌勋同志带领19名队员再次登上南极大陆，继续执行"十一五"能力建设规划的中山站建设任务。狂风暴雪天，肆虐的寒风灌进嘴里，似乎能刺透他们的五脏六腑，巨大的雪粒打在脸上像铁砂一样留下深深的划痕，但他们依然坚持在暴风雪中抢工。头发、眉毛和胡子全都冻上了一层厚厚的冰碴，他们后背的衣服一次次被汗浸湿又被冻结，罗煌勋与队员们的后背上都留下了为南极建设拼搏的"印记"。在他的带领下，队员们倒排工期、日夜奋战，提前安全、圆满地完成了中山站建设任务。

2013年3月，当"雪龙"号科考船载着科考队顺利返航时，为了收集建设数据，维护好建筑设施，罗煌勋主动留下，带领7名队员继续在中山站执行越冬期施工任务。极夜中的南极没有了"日出而作，日落而息"的生活节律，在58天见不到太阳的日子里，队员们的睡眠和昼夜节律不同步，导致人体生物钟紊乱，极大地干扰了人的正常反应能力，增加了事故、损伤和错误的发生率。面对极夜的挑战，罗煌勋同志利用自己丰富的南极越冬经验，科学组织、合理调整工作和休息时间。他带领队员们精心维护中山站的建筑设施，没有出现丝毫问题，圆满完成了越冬期施工任务。至此，在长达18个月的时间里，罗煌勋与他的队友经过极昼与极夜的考验，圆满完成了"十一五"中山站越冬宿舍及主发电栋工程、室外管网建设工程，工程顺利通过中国极地研究中心组织的竣工验收，受到了业主单位和第30次南极考察队领导的一致好评。

从2007年到2014年，罗煌勋同志在南极的时间累计达到1500多天，已经连续7年未在家过年，对于他而言，南极已经成为"第二故乡"。正是在罗煌勋无私奉献、敢于挑战、牺牲自我的精神感召下，中国中铁南极建设队的队员们才能不惧工作环境的恶劣、施工任务的艰巨繁重、背井离乡的苦闷，艰苦奋斗、鏖战南极，南极中山站的一座座新建筑才会拔地而起。在南极这块土地上，罗煌勋代表的不单是中国中铁人的形象，他也是中国极地建设工人的缩影。从他的身上，我们不仅看到了中国中铁人"钢人铁军"的担当与责任，更看到了"中国铁军"攻坚克难、敬业守信的精神。

金波同志先进事迹

金波，男，汉族，1974年12月出生，山东聊城人。2002年7月参加工作，2001年6月加入中国共产党，北京大学地理学专业毕业，博士研究生。现任国家海洋局极地考察办公室科技发展处副处长。2008年荣立国家海洋局三等功，被评为2013—2015年度国家海洋局"优秀共产党员"。

金波同志于2003年参加了第20次南极中山站越冬考察，成为我国南极考察历史上第一位博士管理员。作为南极考察新兵，他虚心向老队员学习，通过查阅档案去深入了解中国南极考察及中山站的历史和有关工作，加深对我国南极科学考察的进展和进度的认识。金波始终关心站上每位队员的衣食住行，克服物资匮乏的困难，想方设法改善和丰富大家的越冬生活。他还主动协助站长做好考察站物资和设施的管理工作，保障考察站的顺利运转。

金波同志于2007年参加中国第24次南极考察，担任内陆考察队副队长，执行南极内陆冰盖考察任务。第一次参加南极内陆考察，金波鼓足干劲，积极配合队长工作，严格要求自己，与考察队员们一起克服重重困难，在人类历史上第二次成功地登上了南极的"冰盖之巅"——冰穹-A，圆满完成了科考任务，为我国南极内陆科学考察站——昆仑站的建站选址提供了系统、翔实的决策依据。

2011年11月，金波同志担任中国第28次南极考察队临时党委委员、领队助理和昆仑站站长。此次考察是我国"十二五"期间首次实施的极地考察，他带领25名考察队员前往昆仑站，进行多学科综合科学考察。此次考察，人员多、物资多，气象条件极端恶劣，车辆故障频出，给考察工作带来空前挑战。面对这些困难，金波带领内陆队全体队员齐心协力，发扬不怕苦、不怕累的精神，克服运载能力不足、雪橇故障、严寒、缺氧、暴风雪、冰裂隙、软雪带等困难，经过20天1300千米的艰难跋涉，终于将科考设备和后勤保障物质安全运输到位于南极冰盖最高点的中国南极昆仑站。为保证考察队员在低温、缺氧的艰苦环境下完成科考任务，他通过发挥党支部和党员的骨干核心作用和先锋模范作用，凝聚全体队员的力量，以高度的工作热情和奉献精神，克服各种困难，因地制宜、因人而异地组织调度现场工作，注重安全和工作效率，还形成了团结进取，乐观向上的团队文化。在他的带领下，内陆队安全、圆满地完成了第28次南极昆仑站科学考察和后勤保障等各项任务。

金波同志在2013年开展的第6次北极科学考察期间，作为领队和首席科学家助理，承担了大量组织协调工作。冰站考察面临冰洞、迷雾和北极熊袭击等危险。作为冰站安全工作负责人，他一方面严格按照规章制度落实各项安全措施，另一方面亲自参与安全巡视工作，确保冰站作业的安全实施；此外，他还组织"北极大学"的课程安排，协调科考、新闻宣传、医疗保障等项工作。

金波于2015年担任黄河站度夏队员，后来又执行了中国第32次南极内陆昆仑站考察任务，担任队长兼昆仑站站长。

金波同志有着宝贵而丰富的极地现场工作经验，特别是为我国南极内陆冰盖考察以及考察站建设做出了突出贡献。同时，他作为极地考察科研管理部门的领导同志，长期从事极地科研管理工作，始终能够立足实际，勇于探索，科学管理，严密组织，合理高效地协调各部门极地科考力量，发挥合力，积极促进各项科考工作的推进，不断取得阶段性成果。

崔鹏惠同志先进事迹

崔鹏惠，男，汉族，1960年1月出生，1978年参加工作，中共党员，工程师。参加过11次南极考察，其中10次到内陆现场工作，担任过南极内陆考察队机械师、临时党支部书记、中山站站长、考察队临时党委成员等职务，是至今一直工作在南极一线的第一代"内陆人"，是我国南极内陆考察的"标志性人物"。多次荣获"优秀共产党员""优秀考察队员"称号。

1978—2009年，崔鹏惠同志在青海工程机械厂工作，担任过该厂车间主任、副厂长等职务。其间，崔鹏惠作为单位优秀代表参加了第15次、第21次、第24次和第25次南极考察，担任内陆考察队机械师，给南极内陆考察提供机械保障。他是我国南极内陆考察队首次登顶"南极最高点"的团队成员，也是全程参与内陆昆仑站建设的团队成员。当时，南极内陆考察一直使用德国进口雪橇，国内尚无同类产品。崔鹏惠依托单位的设计能力，总结雪橇的使用经验，带领团队自主研制生产出国产雪橇，并在南极现场的多年实践中，不断改进。目前，国产雪橇已完全取代进口雪橇，崔鹏惠功不可没，这也开创了南极现场重要设备自主研发的先例。

2010年，因青海工程机械厂改制，员工面临着择业选择。本着对极地事业的热爱，同时也凭着自身过硬的机械技术和南极现场经验，崔鹏惠被中国极地研究中心聘请并工作至今。来到极地研究中心后，崔鹏惠连续参加了第26次至第32次南极考察，从未间断过。其间，他作为内陆考察队首席机械师，保证了一次又一次南极内陆考察的顺利开展，培养出了一批又一批年轻的机械师；作为内陆队临时党支部书记，他为我国第四个南极考察站泰山站的胜利竣工付出了大量心血。第31次南极考察期间，崔鹏惠同时担任了昆仑站临时党支部书记、中山站站长。执行完昆仑站任务后再越冬，对于一名老队员来说实属不易，但崔鹏惠凭借丰富的南极经验，圆满地完成了各项任务。

崔鹏惠同志热爱极地事业，勤勤恳恳，任劳任怨，是年轻人的榜样，为我国南极内陆考察做出了突出贡献。

吴林同志先进事迹

吴林，男，汉族，1960年6月出生，中共党员。1978年开始从事船员工作，先后在"向阳红10"号船和"雪龙"号极地考察船工作。6次获得单位"先进工作者"称号，2004年被评为"十佳科考队员"，先后8次被评为"优秀考察队员"。1985年、2008年和2009年3次荣立国家海洋局三等功，2010年荣获郑和航海贡献奖之杰出船员奖。

吴林同志热爱船员工作，在船员岗位上默默奉献，始终保持高尚的理想追求，为我国的极地考察事业做出了突出贡献。在"向阳红10"号船工作期间，他参加了我国首次洲际导弹发射和同步地球卫星发射任务，多次受到嘉奖。1984年，吴林参加了我国首次南极考察，荣立了三等功。1993年，他到"雪龙"船任水手长，先后参加了第19次南极考察和第2次北极考察。

吴林在担任水手长期间，工作尽职尽责，充分发挥共产党员的先锋模范作用。在历次南、北极考察任务中，他发扬了"爱国、爱船、团结、奉献"的"雪龙精神"，困难之时勇挑重担，危险之时挺身而出，吃苦在前，享受在后，勇于拼搏。

极地考察是一项具有危险性的工作，特别是船在冰区受阻的情况下。但吴林每次都先到冰面探路，每次探路都要十几个小时以上。他为"雪龙"船破冰探明可行路线，为"雪龙"船冰上卸货选择合适地点，为领导的决策提供第一手资料。

在南极装卸货作业中，吴林为了抢时间、争速度，在一切可以利用的气象条件下，想方设法、争分夺秒、废寝忘食地工作在冰天雪地和"重山礁林"中。24小时、36小时、48小时、56小时的连续高强度工作纪录一次次被打破，直升机、雪地车、小艇……全方位一体化作业场面紧张有序。吴林带领水手同事战斗在第一线，发扬连续作战的精神，加班加点投入南极装卸货工作，确保了各考察航次中南极内陆、长城站、中山站物资安全顺利上站和各站回运物资的安全顺利上船。

2009年年初，一辆雪地车在中山站海冰区作业时沉入海中。接到险情通知后，吴林第一时间带齐装备冲向了事故发生地点。凭着多年与海上浮冰打交道的经验，他冒着冰塌的危险，沉着冷静地从冰塌处救起了遇险的队员，随后立即背着已处于昏迷状态的遇险队员与后期抢险人员会合，为抢救工作争取了宝贵的时间。

在船舶航行和装卸货作业中，吴林多次排查安全隐患，在"雪龙"船进厂修理期间，他对各项修理内容进行仔细检查、认真验收，不放过任何可能出现安全问题的细节，为"雪龙"船的修护做了大量卓有成效的工作，确保了船舶设备、人员和货物的安全。

在考察期间，吴林时刻以为科考服务为己任，坚持"一切为科考服务"的宗旨，想方设法为科考队员排忧解难，为各项科考活动提供了良好的保障。

"雪龙"船先后荣获中央国家机关先进基层党组织、中央国家机关"五一"劳动奖状、全国海洋系统先进集体、国家海洋局先进党支部、上海市海关"信得过船舶"、中国极地研究中心先进集体和先进党支部等集体荣誉。吴林同志是这个光荣集体中的代表，为我国的极地事业做出了重要贡献。

何剑锋同志先进事迹

何剑锋，男，汉族，1968年2月出生，中共党员，研究员，同济大学兼职博士生导师。1990年毕业于厦门大学海洋生物学专业，同年进入中国极地研究中心工作；2005年获理学博士学位。现为中国极地研究中心海洋学研究室主任、国家海洋局极地科学重点实验室常务副主任、南极长城极地生态国家野外观测研究站执行站长，太平洋北极工作组（PAG）副主席。主要从事极地海洋/海冰生态学研究。曾参与1次南极中山站越冬考察、1次长城站度夏考察、5次北冰洋科学考察和3次北极黄河站考察。2007—2009年任北极黄河站站长，在2008年、2010年和2012年我国第3次、第4次和第5次北极科学考察期间任首席科学家助理。在极地海冰生态学研究、极地规划与黄河站建设、"雪龙"船改造和新船建设等方面做出了积极贡献。曾荣获国家海洋局三等功奖励1次、获"中国极地科学考察先进工作者"荣誉称号1次。

（一）开拓了我国极地海冰生态学等研究新领域

海冰是极地海洋最主要的特征，海冰生物群落在极地海洋生态系统中起着极为重要的作用。何剑锋同志于1991年我国第8次南极考察期间在中山站越冬，开展了高纬度海域海冰生态学越冬研究；于1998—1999年在德国极地生态研究所公派留学，合作开展北极浮冰生态学研究，并先后参与5个北冰洋航次的考察与研究，奠定了我国在该研究领域的地位。

2007年以来，他充分利用技术的发展，开拓了极地海洋微型生物生态学研究领域，并充分利用流式细胞仪等现场分析优势，建立并融合了传统分类、荧光显微分析、高效液相色谱色素分析、分子生物学的生物多样性分析等手段。同时，通过项目牵引，逐步构建了一支由国家海洋局、中国科学院和教育部下属相关单位组成、针对南大洋生态系统的国内合作研究队伍。

何剑锋主持了国家自然科学基金、国家海洋公益性行业专项、"863目标导向"课题、极地环境综合考察与评估专项专题等多项研究课题，发表相关研究论文80余篇，联合培养博士4名、硕士5名。

（二）作为主要成员参与多项极地规划和黄河站建设

作为主要成员，何剑锋参与了极地考察"十五"能力建设项目建议书、北极科学考察站建设建议书、北极黄河站发展规划纲要、极地"十二五"发展规划、国际极地年中国行动计划专项、新建极地科考破冰船项目建议书、南北极海洋环境综合考察与评估专项、极地"十三五"发展规划等文本的编写，对我国极地科考的规划与发展做出了贡献。

作为主要成员，还参与北极科学考察站建设项目建议书的撰写、与挪威王湾公司的建设谈判以及最初3年的现场考察，历任考察站助理、代理站长和站长（2007—2009年），由其确立的海洋长期监测站位沿用至今，为推动我国北极长期考察平台建设和黄河站科学考察做出了贡献。

（三）积极参与北冰洋科学考察与国际合作

何剑锋参与了1999年和2002年度德国"极星"号北冰洋航次；参与我国第3—5次北极科学考察，历任首席科学家助理，主要负责冰站考察的现场管理以及国际合作。建立了实验室使用和冰站作业申请具体流程，在冰站作业现场严格管理，确保了现场实施计划的安全、顺利实施。

"国际极地年"期间，何剑锋还协助实施了与欧盟最大的DAMOCLES北极研究计划的国际合作，在加拿大海盆区布放了多套冰浮标。作为核心成员参与第5次北极考察期间，他负责对冰岛访问的所有外事活动安排和宣传材料的准备工作，确保了访问活动的成功。2010年至今，何剑锋担任太平洋北极工作组（PAG）副主席，推动了北冰洋生物断面监测计划（DBO）的实施，该计划现已成为北极最大监测网络——北极持续观测网（SAON）的重要组成部分。

（四）推进了极地生态环境监测与规范化工作

围绕着南极长城极地生态国家野外观测研究站建设，何剑锋承担了南极和北极生态环境监测与研究任务，重点对南极长城站和北极黄河站近岸海域的生态环境进行了长期监测与研究，以揭示全球变化对极地海洋浮游生态系统的影响。承担了"863目标导向"课题，建设了南极长城站海洋环境监测系统，对近岸海洋环境进行了为期3年的实时环境数据采集。积极推进监测的规范化工作，建成了极地生态环境监测与研究信息平台，组织编写完成极地生态环境监测规范初稿。

（五）承担了"雪龙"船和新船科考平台改造和建设任务

何剑锋负责极地考察"十五"能力建设项目"雪龙"船"极地海洋与全球变化实验室"建设，包括更新绞车、扩建实验室以及添置温盐深仪（CTD）等采样设备和实验室基础分析设备，为"国际极地年"中国行动专项的极地海洋科学考察及后续极地海洋考察提供了一个全新的平台，为我国极地大洋考察研究新成果的取得奠定了基础。他同时负责"雪龙"船恢复性修理项目——船底声学多普勒流速剖面仪、鱼探仪、测深仪等声学换能器的更新，提升了走航海洋环境数据的获取能力。

何剑锋还负责新建极地科学考察船项目科考平台建设，包括大气与海冰环境调查、海洋水体环境调查、生态与生物多样性调查、地形地貌调查、沉积物采样、地球物理调查、地震勘探、水下机器人观测和实验室辅助等系统；带领团队完成科考设备调研、可研和初设科考平台相关内容的撰写，并进行有关招标。

刘焱光同志先进事迹

刘焱光，男，1975年11月24日出生，山东单县人。1995年参加工作，中共党员，现任国家海洋局第一海洋研究所海洋地质与地球物理实验室副主任，博士，研究员，硕士研究生导师。近年来主要从事北极海洋地质考察与研究工作，主持南北极环境综合考察与评价专项（以下简称"极地专项"）的北极海域海洋地质考察专题（CHINARE03-02，2012年至今）。曾任第5次北极科学考察临时党委成员兼海洋地质作业组组长，第6次北极科学考察首席科学家助理、临时党委成员兼大洋队队长。两次被评为"北极科学考察优秀队员"。

作为一名海洋科技工作者，能够参加我国的极地科学考察一直是刘焱光心中的梦想。极地专项的实施为其打开了极地科考之门。在专项实施期间，刘焱光参加了两次北极现场科考，积极参与现场作业协调和样品分配。在满足其他学科需求的同时，他利用各种机会开展海洋地质科考作业，均超额、高效地完成了科考任务，并组建了一支能打硬仗的海洋地质科考队伍。在后续的研究工作中，刘焱光紧紧围绕极地专项研究目标，带领专题组科研骨干在白令海、北冰洋以及北欧海开展了多尺度、多指标海洋地质学和古海洋学研究，系统编制了海洋地质考察图集，对考察海域海底沉积物分布规律、物质来源、海冰演化历史、古环境古气候演化特点等有了更加深入的认识，也取得了较为丰富的科研成果。刘焱光在我国北极科考与研究领域所做的工作主要有三个方面。

（一）北极海洋地质考察屡创佳绩

1. 第5次北极科学考察

2012年7—9月实施的中国第5次北极科学考察是刘焱光同志的首次北极之旅。他首次登上"雪龙"船就被任命为考察队临时党委成员和海洋地质考察作业组组长，使命光荣但压力巨大。在考察队临时党委的指导和全体考察队员的帮助下，最终圆满完成各项任务。海洋地质考察首次在北冰洋罗蒙诺索夫海脊和北欧海海域开展作业，取得了大量高质量的沉积物样品。还首次与冰岛大学的科学家开展了海洋地质合作考察，在冰岛周边海域完成了4个站位的取样作业。考察结束后，刘焱光被考察队评为"优秀考察队员"。

刘焱光同志有着10多年的海洋地质现场调查与研究工作经验，对海岸带、近海、深远海等开放海洋环境下的海洋地质现场作业比较熟悉。正是此次北极现场考察的历练，使其对极地考察现场作业特别是冰区大洋的考察作业方式与内容、船队间协调工作机制、紧急情况处理以及各类注意事项等有了充分的了解，很好地弥补了个人在高纬度冰区海域现场作业经验的不足。

2. 第6次北极科学考察

基于对刘焱光同志首次北极考察工作的认可，中国第6次北极科学考察队更是委以其重任，任命他担任了考察队首席科学家助理、临时党委成员并兼任大洋队队长。考察过程中，他更加直接地参与现场科考决策，并协助首席科学家制订科考计划，抓好大洋定点考察各学科专业组的现场作业工作。刘焱光不敢有丝毫懈怠和马虎，坚决贯彻考察队临时党委的各项工作部署，与全体考察队员同舟共济，圆满完成了各项考察任务，并再次被评为"优秀考察队员"。

此次考察时间紧、任务重，作为大洋队队长，刘焱光负责"雪龙"船舯部、艉部甲板定点作业的协调与组织，与船长共同制定了详细的船队协调工作方案，保障现场作业工作的有序进行，有效避免了船时的浪费。经作业期间的磨合与调整，各团队形成了高度的默契，大大提高了作业效率，满足了所有考察任务的需求，各项任务均按计划圆满完成，部分任务超计划完成。

大洋队定点作业计划的圆满完成，为后续的地球物理考察争取了作业时间。地球物理拖曳式考察作业最终完成了7天的工作量，比原计划多了3天。另外，还适时安排计划外考察项目的作业，如中国科学院海洋所的生物多联网采样项目原本未列入计划，但属于极地专项的研究内容，在不额外增加船时的情况下，安排完成了该项目3个站位的采样作业。

现场考察实施过程中，因天气、船况、冰情或作业方式转换等原因出现计划外作业机会后，刘焱光便协助首席科学家做好临时科考计划的编制并报临时党委同意后付诸实施。如在长期冰站作业结束后，"雪龙"船将利用3天的时间完成冰站至地球物理测线间的走航，遂临时安排了一条剖面、3个站点的定点综合考察作业。再如所有科考计划完成后，考虑船时的节余情况，安排对R断面的个别站点进行了选择性的比对考察。

（二）北极/亚北极海洋地质研究工作逐步提升

极地专项北极海域海洋地质考察专题实施4年中，刘焱光领导的专题组基于历次北极海洋地质考察获得的样品和资料，对北冰洋—太平洋扇区的沉积物分布特征开展了系统的研究工作，工作内容涵盖了沉积学、矿物学、同位素地球化学、地球化学、环境磁学和微体古生物学等学科领域。通过对我国北极传统考察海域（白令海与西北冰洋）表层沉积物分析资料进行整理和整合，并吸收新调查资料和成果，首次编制了海洋地质考察专题图集，系统展示了考察海域海底沉积物分布特征。在北冰洋—太平洋扇区的白令海、楚科奇海、楚科奇海台、门捷列夫海脊、罗蒙诺索夫海脊和北冰洋—大西洋扇区的挪威海、格陵兰海开展了高分辨率的沉积记录重建，取得了一系列研究成果。联合南极周边海域海洋地质考察专题，先后在《极地研究》和《海洋地质与第四纪地质》组织出版了两个极地海洋地质研究专辑。截至目前，共发表专题科研论文39篇，其中包括SCI论文6篇。这些工作为系统认识我国北极科考重点海域的沉积特征、分布规律及沉积作用特点，重建该地区晚第四纪古海洋、冰川（冰盖/海冰）和气候演变历史，讨论北极气候变化与我国气候变化之间的联系具有重要的参考价值。

（三）积极开展国际合作，打开北极海洋地质考察新局面

由于受到北极地缘政治的制约，自1999年我国首次开展北极科学考察

以来，6次北极科学考察的调查海域有5次均位于北冰洋—太平洋扇区，考察范围也受到很大限制。若想实现调查区域的拓展，国际合作是必由之路。因此，自2012年首次参加北极科考以来，刘焱光同志就多方面收集信息，积极寻求国际合作机会，力争开拓我国北极考察的新局面。如第5次北极科考首次开展了中国—冰岛海洋地质合作考察，便是源于他在丹麦的访问经历。刘焱光在访问时结识了华东师范大学长期参与欧盟框架项目的蒋辉教授，得知冰岛大学的科学家对与中国开展国际合作很感兴趣，遂提出利用"雪龙"船访问冰岛的机会在冰岛周边海域开展以海洋地质考察为主的研究合作，并得到冰岛外交部的支持，实现了冰岛周边4个定点作业站位的考察。第6次北极科考期间，还首次邀请了俄罗斯科学院远东分院太平洋海洋研究所的青年科学家随"雪龙"船开展考察，为将来与俄方合作开展北极海洋地质考察与研究打下了基础。

在研究方面，为提升我国北极海洋地质研究的水平，2015年10—12月期间，刘焱光先后邀请了德国阿尔弗雷德·魏格纳极地与海洋研究所（AWI）的Ruediger Stein教授（2015年10月3日），美国俄亥俄州立大学Byrd极地研究中心的Leonid Polyak教授（2015年11月3—4日），意大利海洋学与实验地球物理学研究院（OGS）的Michele Rebecso教授（2015年11月8—10日），俄罗斯科学院远东分院太平洋海洋研究所（POI）的Anatolii Astakhov教授、Sergei Gorbarenko教授和Alexandr Bosin博士（2015年11月11—15日），加拿大魁北克大学（蒙特利尔）地质年代学与同位素地球化学研究中心（GEOTOP）的Claude Hillaire-Marcel教授和Anne de Vernal教授（2015年12月12—18日）等长期从事北极海洋地质研究的国际知名专家来华访问，讨论合作事宜，并就共同关心的科学问题达成了合作意见。

另外，他还跟随中方代表团积极参加涉北极国际会议，如参加北极科学高峰周会议（2015年4月26—30日，日本富山）和"北极现在与未来"国际论坛（2015年12月6—11日，俄罗斯圣彼得堡），争取在全面深入了解国际北极研究发展方向和科学计划的同时，让国际极地界更加了解我国的北极海洋地质考察与研究工作，并希望结识更多的科学家，创造开展北极海洋地质国际合作的机会。

刘焱光同志在参加过的两次北极科学考察中都担任临时党委成员，工作中始终按照共产党员的标准严格要求自己，始终坚持参与一线工作，并积极献言献策，协助临时党委对现场考察中亟须解决的问题进行审议、讨论与决策。

刘焱光作为两次北极科考海洋地质学科组组长，完成了"雪龙"船艉部甲板沉积物和悬浮体取样的组织工作，与学科组其他队员累计完成表层沉积物采样130站、悬浮体考察50站、柱状沉积物采样54站，取得的岩芯总长度接近200米，岩芯总长度和单芯长度均列历次北极海洋地质考察前列。这些样品除了满足极地专项海洋地质、海洋化学和海洋生物专题各参加单位的研究需求，也使极地研究中心微生物组、厦门大学化学组、中国科技大学等其他学科组或单位的样品需求得到了满足，沉积物样品的作用得到最大限度的发挥。

作为极地专项北极海域海洋地质考察专题的主持人，刘焱光带领专题组成员，紧密围绕专题的研究目标，充分考虑各参加单位的研究优势，科学分工，团结协作，在极地专项组织的三次年度考核中取得两次"优秀"、一次"良好"的评估成绩；并积极寻求国际合作机会，与国际涉北极研究机构建立了合作关系，力争打开我国北极海洋地质考察的新局面。

在近4年的北极海洋地质考察和研究中，刘焱光同志及其领导的课题组取得了一定的成绩。在今后的极地工作中，他会继续努力，争取为我国极地科考事业的更大发展做出应有的贡献。

扈传昱同志先进事迹

扈传昱，女，汉族，1973年7月出生，中共党员。1999年开始在国家海洋局第二海洋研究所工作，主要从事极地生物地球化学及气候与环境变化研究。现为国家海洋局第二海洋研究所（简称"海洋二所"）海洋生态与环境实验室研究员，硕士生导师。2011年被评为"全国五一巾帼标兵"、国家海洋局"优秀共产党员"。

扈传昱同志自2000年至今，主要从事南大洋碳的生物地球化学相关研究工作。从2001年起，她代表海洋二所连续6次参加中国南极科学考察，是迄今为止我国参加南极科学考察次数最多的女科学家。在10多年的极地工作中，扈传昱由一名普通的科研工作者成长为一名学术骨干，由一名普通的群众成长为一名光荣的中国共产党党员。

（一）爱岗敬业，出色完成科研工作

扈传昱同志勤奋敬业，工作踏实，思维活跃，思路开阔，富有开拓创新精神，她在科学研究上一步一个脚印，不断攀登，不断提高。她负责的南大洋科研项目以及相关研究工作是当前全球气候变化研究的前沿热点。众所周知，南大洋是全球气候变化中的重要反馈窗口，该系统在生物地球化学循环中具有其他地区不可替代的重要作用，深入了解南大洋海域碳的生物地球化学过程，对于确定南大洋对全球气候变化的响应与反馈意义重大。迄今为止，扈传昱同志作为课题负责人以及项目骨干成员，先后完成了"九五"科技攻关计划项目、国家自然科学重点基金项目、科技部社会公益性和基础性专项、国家自然基金项目、科技部国家支撑项目等多项有关南大洋生物地球化学研究的课题。目前，她还承担着"南北极环境综合考察与评估专项"中相关课题的研究工作，该专项是我国目前极地研究的重点项目。扈传昱具有把握国际研究前沿的能力和相当高的学术水平，在相关研究中坚持严谨敬业的科学态度，积极发挥主观能动性，高标准、严要求，利用自己的专业知识和特长，不断创新，不断突破，瞄准"碳循环与全球变化"这一国际前沿研究领域，以生物地球化学过程为主线，应用新技术、新手段，开展了相关研究，获取了丰富的、有价值的第一手资料。所取得的相关研究成果"南大洋普里兹湾碳的生物地球化学研究"荣获"国家海洋局海洋创新成果奖"二等奖，并在国内一流学术刊物上发表有关"南大洋碳的生物地球化学过程研究"方面的论文30余篇；多次在大型国际以及国内学术会议上展示创新性成果，在极地同行中享有一定的声誉。在做好本职工作的同时，扈传昱同志作为海洋二所极地学科骨干人员，积极参与培养和带好极地科学研究人才的工作，先后带领多名硕士研究生和青年科技工作者参加南极科学考察，为培养极地研究后备力量做出重要贡献。

（二）远征南极，无私奉献做表率

扈传昱同志扎根海洋，献身极地科考事业，全身心投入到南大洋生物地球化学研究的本职工作中。自1984年至今，我国共完成了31次南极科学考察，而扈传昱同志作为一名女科学家，在2001—2009年的8年内连续6次参加中国南极考察，其中4次是执行"一船两站"任务航次，成为我国当时参加南极科学考察次数最多的女科学家。现代极地考察，虽然少了一些早年先驱们经历的那种惊险和壮烈，但是，南极迄今仍然是地球上环境最恶劣、最具危险性的地域之一，征途中不仅要经受"魔鬼西风带"的考验，还要面临狂风暴雪以及随时出现的浮冰和冰山的威胁。选择以极地考察作为自己职业和岗位的人，无异于选择了奉献和牺牲。扈传昱同志虽然是一名女科学家，但是在南极考察中面对艰苦的自然环境和艰巨的科考任务，始终做到吃苦在前、享受在后。为获取南极现场的第一手宝贵资料，她远离亲人奔赴南极，每次考察时间大多在5个月甚至半年之久。作为一名"老南极"，无论是大洋作业还是冰上考察，她都抢在新队员前面亲力亲为，抓紧一切有利时机，尽最大努力多获取南极现场资料。因为她知道这是室内科学分析和研究的坚实基础，而这种极地现场考察的机会实在是弥足珍贵。在现场考察之余，扈传昱积极参与南极物资卸运工作，无论是食品搬运还是帮厨打扫，她都坚守岗位。扈传昱同志在南极工作的同时，时刻注重环境保护，考虑到新队员对南极冰面工作经验不足，她主动提出负责冰面垃圾清理工作，在年轻队员面前起到了表率作用。

扈传昱同志在南极考察和科研工作中真正做到了挑战面前不畏缩、机遇面前不踌躇，面对困难拼在前，面对危险冲在前，为发展我国的南极事业做出了自己应有的贡献。

程晓同志先进事迹

程晓，男，汉族，1976年7月出生，北京人。2001年参加工作，中共党员，教授。现任北京师范大学全球变化与地球系统科学研究院院长，兼任该校极地研究中心主任。2014年荣获"北京青年五四奖章"。

（一）极地现场考察工作足迹广泛，成绩显著

格罗夫山考察。2005—2006年，程晓为开展卫星遥感的地面验证，奔赴南极内陆400千米处的格罗夫山地区。这里暴风雪频繁、裂隙遍布，被称为"魔鬼地带"。他历经艰难险阻，在冰盖和陡峭的岩石露头上安装了11台雷达角反射器，为卫星在地面安装了"对话装置"，实现了对极地复杂冰川运动的连续监测，成为我国极地遥感事业开创性的大事件。

测绘冰穹–A。2007—2008年，程晓带领测绘小分队克服高寒缺氧、涉足软雪带等重重困难，采用创新的"后处理差分GPS"技术在冰穹–A中心区域（海拔4000多米）成功完成中国第一个南极内陆考察站——昆仑站的选址测绘任务。他们在冰穹–A地区驾车行进1000多千米，测绘了400平方千米的高精度冰盖地形图，为我国2008年年底启动建站提供了急需的基础数据。该成果获2012年国家卫星导航定位科学技术奖一等奖。

程晓是我国为数不多的同时考察过格罗夫山和冰穹–A两大内陆地区的科

学家，对南极形成了较为全面的认识。此外，他从2013年起先后三次进入北极斯瓦尔巴德群岛和格陵兰地区考察，深入了解北极地区。

（二）极地科研工作硕果累累

2004年程晓参加工作时，欧美科学家已成功将卫星遥感技术广泛地应用于"两极"研究，而此时我国极地遥感研究还几乎处于空白，这是我国极地科学研究落后的原因之一。程晓立志改变这一切，先后开展了雷达干涉技术南极冰流速测量（2004年至今）、全南极高分辨率光学遥感地表覆盖制图（2007年至今）、极地极端环境无线传感器网络研发（2008年至今）、南极冰架崩解探测（2010年至今）、极地海冰实时监测与船舶导航（2010年至今）、北极航道航运环境评估（2012年至今）、极地遥感无人机（2013年至今）以及极地监测微纳卫星（2014年至今）等研究工作。

上述研究均取得了一系列重要科研成果，引领了我国极地遥感学科的发展，代表了我国极地遥感研究的最高水平，使我国极地遥感行业实现了以下四大转变：①从局部地区的遥感数据应用发展到整个极区的大范围遥感制图；②从静态测量发展到连续过程监测，实现了对冰架、海冰这类快速变化对象的连续监测；③观测方式从单纯的卫星数据应用发展到星—天—地一体化，成功运用极地监测微纳卫星、无人机航空遥感以及极地无线传感器网络等手段；④遥感技术在"雪龙"号极地航行保障和北极航道开发中发挥重要作用，切实服务国家战略。

程晓不仅做自己的研究，还非常注重国内相关领域水平的整体提高。"十一五"以来，程晓直接参与推动了我国在极地遥感领域3个重点研究项目的设立，包括2个"863"项目（全南极高分辨地表覆盖制图和南极环境遥感关键技术，2008—2009年度启动）和1个"973"项目（近百年极地冰层和全球及典型区域海平面变化机理精密定量研究，2012年启动）。这些项目对于壮大我国极地遥感研究队伍并提升我国极地遥感研究水平起到了关键性的推动和示范作用。

程晓的主要科学技术成就和贡献包括：

1. 成功开发我国首个全南极高分辨率遥感镶嵌图和全世界首个南极洲地表覆盖图，科学和政治意义深远。全南极制图成果入选2011年3月在北京举办的国家"十一五"重大科技成果展，受到刘延东国务委员的关注。基于这幅高分辨率的全南极卫星遥感图，程晓团队应国家海洋局之邀，完成了我国第五个科学考察站的选址工作，确定新站址位于罗斯海西侧的维多利亚地。

2. 发展极地长时间序列卫星资料动态分析技术，揭示南极冰架崩解机制，论文发表在美国科学院院刊（PNAS）。这是我国极地遥感学科的第一篇PNAS论文，受到了国内同行的高度认可，也表明我国极地遥感研究达到国际先进水平。

3. 在极区海冰快速变化遥感方面，发展了卫星遥感数据快速处理与分析技术，连续6次指导"雪龙"号极地航行破冰，2014年成功协助"雪龙"号从南极海冰区脱困，同时在北极航道开发方面初步发挥重要作用。

2014年1月2日，在中国第30次南极科学考察期间，"雪龙"号在成功营救被困的俄罗斯船只"绍卡利斯基院士"号后，自身被困冰海。程晓带领团队连续奋战，终于在1月7日在卫星遥感数据快速处理和分析技术的支持下，助其成功脱困；加上程晓所在团队自始至终为"雪龙"号提供服务，中国第30次南极科学考察队先后于1月8日和3月4日发来感谢信，国内外相关媒体也给予了大力报道。该技术成功应用于我国极地考察船的保障，取得了极大的经济和社会效益。程晓团队制作的图件被《焦点访谈》《新闻联播》节目多次采用。

该技术直接在海洋公益项目之北极航道航运环境评估工作中得到应用，有效支撑了中国第5—6次北冰洋科学考察，以及"永盛"轮2015年走航北极东北航道的行动。由于在北极研究的成果突出，2015年10月程晓作为中国政府派出的高级别代表团成员，参加在冰岛举行的第三届北极圈论坛，在中国国别专题中讲述我国涉北极气候变化研究工作。

4. 推动极地观测新技术发展，包括极地极端环境无线传感器、极地遥感无人机以及极地监测微纳卫星等，取得重要进展。

在国家"863"计划支持下，程晓和同事们开展了更加明确科学观测需求的设备平台自主研发，发展突破风光互补的能源获取与存储技术等；成功研制了两套不同应用目的的极端环境无线传感器网络设备，并在南极地区成功架设，运行了3年以上。已申请国家发明专利多项，其中已授权专利1项。

　　由程晓领衔研制的低成本、高可靠性极地遥感无人机，于2014年先后在北极和南极成功试飞，其中于2014年12月在南极拉斯曼丘陵地区成功飞行7个架次，首次获取整个地区的三维高清地理数据。该成果在2014年12月25日《人民日报》头版得到报道——"我遥感无人机南极成功首飞"。这两次极地成功飞行，宣告我国极地遥感进入无人机时代。2015年9月，第二代极地遥感无人机在北极黄河站试飞并大获成功，成功获取冰穹-A的三维图像。

张胜凯同志先进事迹

　　张胜凯，男，汉族，1977年6月出生。1998年7月参加工作，现就职于武汉大学测绘学院中国南极测绘研究中心，副教授。2011年被评为"珞珈青年学者"，荣获"十一五"测绘地理信息优秀青年科技贡献奖；2013年被评为湖北省科技协会"科技创新源泉工程"创新创业人才。

　　2002—2003年，张胜凯参加中国第19次南极科学考察，进入被称为"生命禁区"的格罗夫山区开展工作，这是我国也是世界上首次在南极格罗夫山区进行大范围的遥感测图。在海拔2000多米的冰盖上，冒着−30℃的酷寒和冰裂隙随时崩塌的危险，张胜凯和同事们成功埋设了8个永久性中国测绘标志，测定了8个全球卫星定位系统大地测量控制点，绘制范围达8000平方千米，使我国成为世界上在该地区布设控制点最多、控制范围最广的国家。在国际上首次测绘出格罗夫山区的地图，为我国在南极格罗夫山区进行地质、陨石及冰川学等多学科考察提供准确的空间信息基础，对于维护我国在南极的权益有着十分重要的意义。

　　2004—2005年，张胜凯参加中国第21次南极科考队，前往南极冰盖最高点冰穹−A区域进行科学考察，主要担负测定南极冰盖最高点、内陆冰盖队的导航、测绘南极冰盖最高区域地形图及冰川动力学监测等任务。中国第21次南极科学考察的一项重要任务是寻找并确定冰穹−A的最高点，为我国在该区域开展多学科综合考察及建立第三个南极科学考察站做前期调研。

在内陆冰盖队从中山站出发后，张胜凯白天要利用全球卫星定位系统导航仪进行导航，引导车队前进；在中午修整时，他协助机械师为雪地车加油；晚上宿营后，他同队友一起为雪地车除冰、加油，从发电舱扯电线至各个车头和车厢，挖雪化水做饭，搭建临时厕所。完成队里的各项公务工作以后，张胜凯还要进行高精度全球卫星定位系统观测，以监测东南极的冰盖运动，然后整理当天的资料，处理数据，经常要工作到夜里两三点钟，往往是队里最后一个睡觉的人。

在严寒、高原环境下奔波，对科考队员们的身体和意志都是一种严峻考验。平时，队员们宿营时睡在成员舱内。但由于缺氧严重，大家都感觉喘不过气来。张胜凯睡在上铺，更是觉得难受。没办法，他只好睡到成员舱的地板上。对于科考队员们来说，吃饭也是一件很困难的事：考察队准备了"航空餐"，可每盒都冻得硬邦邦，加热需要一个半小时；用水得用铁锹挖雪再加热化水，等到烧开需要一两个小时。一顿饭下来，需要花上三四个小时。为节省时间，队员每天最多只吃早、晚两顿饭，工作忙起来时，经常只能吃到一顿饭。而一个多月里，顿顿"航空餐"，吃得大家老想吐。然而，由于准备的煤气不足，在最后一段时间，只能靠一只电热壶烧水喝，连"吃得想吐"的"航空餐"也吃不上了，只能干啃饼干和方便面。在南极内陆，由于用水非常困难，日常洗脸、洗手、洗头等都成了问题。为此，张胜凯出发前就剃了个光头，在2个多月的南极内陆考察期间，张胜凯没能洗澡，一两个星期也只能用湿毛巾擦一下脸。

在通向南极冰盖最高点的沿途，有多个冰裂缝发育区。冰裂缝深不可测，曾经有些外国科考队员掉了下去，再也没能出来，永远留在了南极。这次，张胜凯也差一点被冰裂缝吞噬。2004年12月下旬的一天，张胜凯在雪地车附近工作时，他的一条腿掉进了冰裂缝。幸亏那条冰裂缝不宽，张胜凯当时比较冷静，没有慌张，最终安全爬了出来。

经过29天的艰苦行军，科考队终于到达冰穹-A区域，首先要进行寻找冰穹-A最高点的工作。冰穹-A最高点并不是我们通常想象的那样，是一个明显凸起的顶点；相反，那是一个相对比较平坦的区域，肉眼根本分不出高低。冰穹-A区域海拔4000多米，气温达到-40℃，气压只有500多百帕，含氧量极低。张胜凯扛着十几千克重的仪器，每走几步都要停下来大口大口地喘气，这样在外面工作一两个小时后，手、脚、脸部都冻得麻木了。当随行的中央电视台记者把摄像机镜头对着他时，他的嘴唇竟冻得直哆嗦，讲不出话来。接下来的几天，张胜凯白天要在外面工作，晚上还要处理当天采集的数据，几乎每晚都要工作到凌晨四五点，每天只能睡三四个小时。经过8天的艰苦工作，共测绘了冰穹-A最高区域70平方千米范围的地形图，确定了南极冰盖最高点的准确位置，为我国下一步在冰穹-A区域开展多学科综合考察及建立第3个南极考察站打下了良好的基础。

2008—2009年，张胜凯参加中国第25次南极科学考察队，参与南极内陆昆仑站建站。他是内陆冰盖队中唯一一名测绘人员，主要为建站提供测绘与导航技术支持，同时还承担着监测冰川冰盖变化等科考工作，并为中山站与昆仑站之间即将建设的中继机场做地形测绘。

在南极内陆冰穹-A区域建站，是中国第25次南极科考任务的重中之重。1985年2月，我国在南极的乔治王岛南端建立了首个南极科考站——长城站，实现了我国极地考察事业的"从无到有"。1989年2月，我国在东南极大陆伊丽莎白公主地的拉斯曼丘陵地区建立了第2个南极科考站——中山站，实现了我国极地考察事业的"从小到大"。而我国极地考察事业"由大到强"的历史性跨越，则是以昆仑站的建成为标志，不仅标志着我国已跻身国际极地考察的"第一方阵"，还成为继美国、俄罗斯、日本、法国、意大利、德国之后，在南极内陆建站的第7个国家。昆仑站建成后，中共中央总书记、国家主席胡锦涛致电我国南极考察队。他指出，中国南极昆仑站的建成，必将拓展我国南极科学考察研究的领域和深度，这是我国为人类探索南极奥秘做出的又一个重大贡献。

2010年及2011年，张胜凯两次参加我国北极黄河站考察。黄河站为我国在北极地区的唯一一个考察站，建立于2004年7月28日，位于北纬78°55′、东经11°56′的挪威斯匹次卑尔根群岛的新奥尔松地区。为了研究北极新奥尔松地区冰川运动特征，探索其运动的动力学机制，张胜凯利用全球卫星定位技术和冰雷达测量了冰川运动速度和冰下地形，为深入研究北极冰川动力学提供了分析依据。

王汝建同志先进事迹

王汝建，男，汉族，1959年10月出生，1985年参加工作，中共党员。现任同济大学海洋与地球学学院教授，博士生导师。2002年被教育部评为"全国高等学校优秀骨干教师"，2007年荣获"上海市育才奖"，2009年荣获科技部"野外科技工作先进个人"称号，2013年荣获海洋科学技术奖一等奖，2014年荣获"2013年度极地科学优秀论文"二等奖。

王汝建同志长期从事我国北极和南极海域的海洋地质学和古环境的考察和科学研究，于1999年参与中国首次北极科学考察的研究工作，于2003年亲自参加了中国第2次北极科学考察。他所领导的团队成员分别参加了中国第2—6次北极科学考察，并于2016年夏季派员参加中国第7次北极科学考察，为中国的北极海洋地质考察和科学研究做出了重要的贡献，并成为国际北极古海洋学与古气候学研究中的一个亮点。

王汝建还于2006年12月至2007年4月参加了中国第23次南极科学考察，并在东南极拉斯曼丘陵地区成功采集到多个湖泊沉积物样品，为东南极地区全新世以来的气候变化研究提供了基础。他的团队成员还分别参加了中国第29—32次南极科学考察，对南极半岛、普里兹湾、罗斯海和南大洋西风带开展古海洋与古气候学研究，已经获得了一些重要进展。其研究成果分别被

《文汇报》《科学时报》《中国海洋报》《新华每日电讯》《亚洲星期天》《Shanghai Daily》和上海电视台等多家媒体报道和转载。

王汝建同志主持了4项国家自然科学基金面上项目和1项重点项目，作为学术骨干，同时参加国家"南北极环境综合考察与评估专项"（2012—2015年度北极海域海洋地质考察和南极周边海域海洋地质考察课题）等多个国家级项目。他共发表学术论文70余篇，SCI检索论文14篇（国外论文6篇），为我国极地科学研究做出了重要贡献。

任留东同志先进事迹

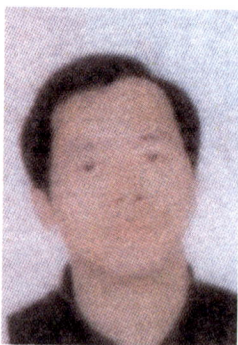

任留东，男，汉族，1965年12月出生。1988年参加工作，现为中国地质科学院地质研究所极地和国外地质研究室负责人。被纳入国土资源部科技创新人才工程"百人计划"，2008年获国土资源部"优秀青年科技人才"称号。

中国地质科学院地质研究所极地和国外地质研究室在中国南极长城站建立不久后宣布成立，并已形成一个长期稳定的研究团队。任留东同志现为该室负责人。自1989年建成中山站之后，该室成员多次赴东南极普里兹湾地区进行地质考察。其中，任留东曾参加我国组织的第7次、第9次、第15次和第21次共4次南极考察。

（一）科学发现

任留东在南极发现的特殊硼硅酸盐−磷酸盐矿物组合是国际南极地学研究中的一个重大成果。在对南极样品的室内研究过程中，任留东注意到一种特殊的蓝绿色矿物，含量很少，他感觉可能是一种特别的物质。当时，任留东正好赴东京参加国际南极地球科学讨论会，会间请教了国外一些南极专家，其中就有英国著名的变质地质学家Simon L. Harley。但他也不认识这种矿物，随即向任留东推荐了美国的Edward S. Grew教授。Grew长期从事南极研究，是国际著名的岩石学家和矿物学家，尤其是一直致力于硼矿物的研究。根据照片，Grew认为那可能是硅硼镁铝矿，在南极地区当属首次发现，并就此发现向任留东表示祝贺。回国后，任留东运用电子探针、X射线衍射和红外光谱等多种手段验证了Grew教授的判断。此外，按德国学者Kurt Stüwe的观察与描述，中山站以西10千米处有一座山峰，大量产出电气石，并赋予地理名称"电气石峰"。在研究过程中，任留东发现那里电气石并不多，便对其鉴定产生了怀疑，于是对其典型产地——电气石峰——的采集样品进行重新鉴定和测试，发现这是另外一种硼硅酸盐矿物——柱晶石，真正的电气石反而很少。也就是说，是任留东把这一错误给纠正过来了。以这些发现作为有关内容的论文被会议文集接收，之后该文被西方学者引用30余次。近年来，任留东又在站区附近发现了一种矿物新多型体——氟磷镁石（Ma5bc），并在国际矿物学杂志上发表研究论文。

作为地质工作者，任留东在多次南极考察中，除了配合团队完成各项业务任务，还收获了南极地学的重要发现。任留东的发现和参与的南极地学研究，不仅填补了南极地质调查和制图的空白，在国际南极研究中扩大和增强了中国的影响，还提升了我国在国际南极事务中的政治和科学地位。

（二）艰难的南极考察历程

2004年11月下旬，在第21次南极考察中，任留东跟随我国"雪龙"号极地科考船驶入南极中山站海域。由于冰层太厚，破冰船无法打通通道，"雪龙"号只能游弋在距离中山站数千米的海面上。"雪龙"号的重要使命之一是向中山站补给柴油，当时站上的油已经用光了，只得从附近的俄罗斯进步站借了几十吨。没有燃料，就不能发电，不能取暖，不能做饭，一切都无从谈起。"雪龙"号所处位置离长城站还有很长一段距离，此时只能在海冰上铺设输油管道将油输送到站区储油罐。任留东承担了冰上勘探路线任务，这是最危险的任务，因为每向前迈进一步，都有掉进冰缝的危险。由于冰缝有积雪虚掩，所以险象环生。冰缝下面不是平地，也不是冰块，而是几百米深的大海……一直忙到晚上12点多，任留东与其他队员才一起把燃料输送进站。

在南极搞地质，经常会碰到一些特殊的困难。那里没有公路，所有的地质路线都是靠两条腿一步步量出来的，跨冰缝、涉海冰、攀峭壁、翻雪坝，对地质队员来说简直就是家常便饭。更为艰苦的是，从事南极科考的地质队员还有近一个月的远离站区的野外宿营：没有电，没有热水，气温极低，数码设备常常都无法正常开启。夜晚，要压好帐篷的每个角落，因为一旦有缝隙，强烈的下降风完全可以把帐篷吹得无影无踪。

由于没有加热设备，早晨出发前要把餐盒放到帐篷外靠日晒加热，晚上归队就着冰碴吃饭；没有开水，就用矿泉水泡方便面、啃凉馒头。在冰盖上活动时也经常遇到冰裂缝。因表面积雪覆盖，任留东多次陷进缝隙带，差点滑进宽阔的冰缝中，一旦掉下去，生还的希望非常渺茫。在中山站近90天的时间里，他每天穿梭于各个岛屿之间，经常在海上浮冰区行走。有一次，在前进的路上出现一条1米多宽的冰缝。任留东当时背着一袋沉甸甸的岩石样本，胸前挂着相机和地质锤。他看到裂缝中间像是有一块浮冰，便决定以浮冰为跳板，跳到对岸。可他踩住的却是浮雪，一条腿坠入海水中，等回到基地时已是晚上12点。他摘下背包时忽然感到很费力，原来因海水结冰，地质背包已"冻"在羽绒服上。

臭氧洞使得南极紫外线辐射非常强烈，任留东从野外宿营归来，连在南极的其他队友都说他脸黑得像个非洲人。3个多月里，他的嘴唇掉了4层皮，啃着冰块般的馒头，嘴唇撕裂般地疼痛。此外，还要面对强烈的白化天气、山高路滑、严寒、暴风雪、极昼天气和难以入眠等困难，任留东所在的地质组硬是靠顽强的意志，坚韧的毅力，圆满完成了野外现场科考计划，被评为"先进集体"。

现在虽然不再是探险时代，可南极考察还是时时处处充满着危险。任留东已顾不上这些，他已深深地爱上了这项事业，所取得的一点一滴的成绩不单是个人的，更是为了国家，为了我国在国际南极事务上的话语权。不管多苦、多累，他觉得都是值得的。

刘晓春同志先进事迹

刘晓春，男，汉族，1962年9月出生。1987年参加工作，中共党员，现任中国地质科学院地质力学研究所极地地质研究室主任，博士。2002年被纳入首届国土资源部科技创新人才工程"百人计划"，2006年和2011年分别被评为国土资源部"十五""十一五"科技工作先进个人，2016年被评为国土资源部"十二五"科技与国际合作先进个人。

（一）五赴南极，不断开拓考察区域

从1998年开始，刘晓春同志先后5次赴南极考察，使我国南极地学考察从局限在科考站周边100千米范围拓展到大于400千米范围，增强了中国南极考察的国际影响。

1. 参加中国第15次南极考察（1998—1999年），作为4名考察队员之一，首次以单车进入南极内陆地质研究的空白区——格罗夫山脉开展地质考察，为南极内陆地质考察积累了成功的经验。同时为我国在南极发现第一块陨石，并被《科技日报》专题报道。

2. 参加中国第21次南极考察（2004—2005年），策划并带领3人工作组对东南极普里兹湾沿岸的广大地区开展了系统的地质考察，首次进入远离中山站科考基地的埃默里冰架东缘的北部、兰丁陡崖和蒙罗克尔山脉。克服了后勤保障不足（无通信、无取暖、无加热设施）和自然环境恶劣（寒冷、多风、强紫外线、冰缝密集）的困难，特别是他在落入冰缝求生后仍继续开展工作，圆满完成考察任务。

3. 参加中国第24次南极考察（2007—2008年），策划并带领3人工作组第一次深入到远离中山站科考基地的埃默里冰架东缘的中南部地区开展了系统的地质考察。在野外营地克服了两个昼夜的暴风雪袭击，圆满完成工作任务。

4. 参加中国第29次南极考察（2012—2013年），与美国地质学会合作考察了南极半岛、南设得兰群岛、南乔治亚岛和马尔维纳斯群岛，这是我国科学家首次在西南极地区开展如此大范围的地质考察。

5. 参加中国第31次南极考察（2014—2015年），在澳大利亚南极局的支持下，策划并带领由不同单位人员组成的4人队伍，实现了酝酿已久的北查尔斯王子山和布朗山地质考察，突破了以往的考察区域局限并首次实施了对矿产（煤）的现场考察。

（二）潜心研究，努力赶超国际水平

在开展大量野外地质调查工作的同时，刘晓春同志重视实验室分析测试和室内综合研究工作，取得多项研究成果，缩短了我国南极地学研究与国际同行的差距，并迎头赶上。

1. 通过深入细致的野外地质调查、典型基岩露头的大比例尺填图以及地质剖面实测，编制完成我国第一幅南极中比例尺地质图，基本上建立了普里兹造山带的地质构造格架。制作这张南极中比例尺地质图，是我国主张南极普里兹湾地区的权益的重要基础性工作。

2. 发现新的石榴二辉麻粒岩露头和辉石出溶结构。通过出溶矿物新的测试、计算手段以及年代学测定，证明这些麻粒岩形成于较高温压条件之下的泛非期变质旋回，修正了前人关于本区变质作用演化的认识。

3. 在格罗夫山识别出新元古代大规模基性-酸性岩浆侵入事件和泛非期紫苏花岗岩，证明格罗夫山是普里兹造山带中最典型的泛非期单相变质地体，紫苏花岗岩及其伴生的A型花岗岩是在同-后造山阶段由富集地幔底侵物质的部分熔融形成的，为紫苏花岗岩的成因提出了新解释。

4. 在普里兹造山带中首次发现高压变质岩石冰川漂砾，推导出高压麻粒岩的峰期条件和顺时针P-T轨迹，刻画了泛非期造山作用的精细过程，论证了普里兹造山带的碰撞造山成因以及东冈瓦纳在泛非期的汇聚模型。

5. 重新厘定了普里兹湾—查尔斯王子山地区格林维尔期构造热事件的时代和性质，揭示印度克拉通与东南极陆块在最终碰撞之前经历了长期的岛弧增生过程，提出格林维尔期造山作用是由弧陆碰撞演化到陆陆碰撞的两阶段碰撞构造演化模型。

（三）辛勤耕耘，承担重任发表著述

刘晓春同志积极承担国家和部门地质调查及研究工作任务，负责的与南极有关的科研项目共8项，其中国家极地专项之专题1项，国家自然科学基金面上项目5项。同时，已成功申请到国家自然科学基金重点项目（2016—2020年执行），这是国内地学界对刘晓春同志在南极地学研究领域的认可。

10余年来，刘晓春同志在国外SCI刊物或论文集上共发表与南极有关的学术论文13篇，其中他作为第一作者的有10篇，发表的刊物和年限分别为《Royal Society of New Zealand Bulletin》（2002）、《European Journal of Mineralogy》（2003）、《Precambrian Research》（2006）、《Journal of Petrology》（2007）、《Precambrian Research》（2007）、《Precambrian Research》（2009）、《Gondwana Research》（2009）、《Geological Society，London，Special Publications》（2013）、《American Journal of Science》（2014）和《Journal of Metamorphic Geology》（2014），其中7篇荣获中国极地科学优秀论文奖。这些论文发表后被国际同行广泛引用，产生了积极的影响，也体现了我国科学家对南极地学研究的重要贡献。

黄洪亮同志先进事迹

黄洪亮，男，汉族，1964年11月出生，上海人。1986年参加工作，中共党员，现任中国水产科学研究院东海水产研究所实验室主任。被评为2012年度中国水产科学研究院先进工作者，参与完成的"节能型拖网结构与网具材料新工艺及应用"项目获2013年农业部中华农业科技奖二等奖。

黄洪亮同志自1997年调入中国水产科学研究院东海水产研究所工作以来，长期关注并从事极地渔业资源考察评估与综合利用研究。

1999年，黄洪亮作为核心成员参与了我国首次北极渔业资源考察任务的项目规划与方案制定，并针对"雪龙"号甲板机械条件，设计研制了可供"雪龙"号开展渔业资源调查的单曳纲自扩张渔业资源调查拖网，还指导现场科考人员圆满地完成了考察任务。其核心关键技术——网具柔性水平扩张器（ZL 2004 1 0089065.4）和单曳纲自扩张式单船中层拖网（ZL 2004 1 0089066.9）先后获得了国家发明专利授权，为"雪龙"号进一步开展渔业资源调查提供了技术支撑。

2005年，黄洪亮作为南极科学考察队临时党委委员、大洋考察队队长兼支部书记，参加了中国第22次南极科学考察。在具体负责南极磷虾资源考察与综合评估考察任务期间，他认真分析南极磷虾资源走航声学映像特征，并进行了南极磷虾生物学定点取样，较好地掌握了南极磷虾资源分布、捕捞技术和作业环境等基本参数，为我国南极磷虾商业性开发积累了第一手资料。黄洪亮发明的框架式南极磷虾资源评估用双囊拖网（ZL 2012 1 0172558.9）、南极磷虾取样拖网（ZL 2006 2 0043998.4）先后获得了国家发明专利和实用新型专利授权，为"雪龙"号开展南极磷虾资源考察与评估提供了基础保障，也为今后我国专业海洋科考船开展南极磷虾等生物资源调查提供了示范作用。

作为大洋考察队队长兼支部书记，黄洪亮针对调查人员少、学科多、任务重等多重困难，通过多方沟通和内部协调，制订了涵盖不同专业、满足不同研究需要的大洋调查实施计划。考察期间，他不仅要负责全队科考计划的实施、安全教育和学习宣传，同时担负着全队和各专业组的协调和保障工作。在大洋断面调查期间，大家克服困难，齐心协力、不分专业、互相协作，奋战10个昼夜，取得了埃默里冰架外缘和4个纵向断面的物理海洋、化学、生物和环境的高质量数据和样品，包括罕见的底栖生物种类；在埃默里冰架入流处和出流处2个重要位置进行了25个小时的定点连续观测，取得了冰架与海洋相互作用的资料，试验了新的渔具渔法，为我国磷虾商业性捕捞及开发进行了前期研究；抓住"雪龙"船4次穿越西风带的难得机遇，在风大浪高的恶劣海况面前，克服晕船等身体不适，首次在南印度洋西风带开展了跨越32个纬度、40个经度的调查作业，收集了约1370多万平方千米的大洋观测数据和样品。

2006年5月8日，国家海洋局极地办公室发专函，对黄洪亮的工作进行了充分肯定："黄洪亮同志作为大洋考察队队长，在考察过程中以身作则、身先士卒，带领全体队员克服困难、努力拼搏，安全圆满完成各项任务，以卓有成效的工作释放着'南极精神'的光芒，彰显出南极人的骄傲，以实际行动给'南极精神'注入了新的内涵，为国争光，为我国极地事业的发展做出了贡献，发挥了党员的先锋模范作用和领导干部的表率作用。"

2012年至今，在南北极环境综合考察评估专项项目的支持下，黄洪亮同志作为课题负责人主持"南极周边海域磷虾等生物资源考察与评估"。他针对课题考察目标，综合大洋考察安排，规划了考察内容，制订了详细的考察计划，带领课题组成员较好地开展了环南极磷虾资源种群结构、资源分布和资源丰度综合分析与评估，取得了南极磷虾资源分布和丰度调查评估成果，初步掌握了南极磷虾的资源丰度分布特点，为今后我国南极磷虾拓展作业空间积累了基础数据。根据考察结果和对国内外南极磷虾资源利用、管理和产业进展等资料的研究，黄洪亮同志撰写了我国《南极磷虾资源利用研究报告》和《南极磷虾与犬齿鱼资源量综合评估报告》，相关成果可为我国商业性开发南极磷虾等生物资源提供决策建议。通过参与南大洋科学考察，黄洪亮同志与南极磷虾研究结下了不解之缘，并与多名资深极地科考人员一起谋划了南极磷虾商业性开发事宜。通过大家的不懈努力，我国南极磷虾商业性开发终于取得了实质性进展，并于2009年年底正式启动实施。为消除大家对南极恶劣环境的恐惧和担心，黄洪亮同志克服了多重困难，作为现场首席科学家和海上总指挥带队开展了我国第一次和第二次南极磷虾商业性开发探捕调查，攻克了我国南极磷虾渔场、资源、捕捞和环境研究方面的空白，为我国南极磷虾探捕调查和产业化、专业化船队的发展发挥了积极的作用，实现了我国极地南极磷虾资源从科学考察向实质性商业开发的飞跃。至2015年年底，我国南极磷虾年捕捞产量位居世界前三位，已基本确立了南极磷虾捕捞大国的地位。

黄洪亮同志在参加南极科学考察任务中，爱岗敬业、作风优良、品行端正、勇于创新、开拓进取，出色完成了历次考察任务，在执行极地考察任务期间没有发生安全责任事故，发挥了先进性、典型性和代表性作用。

徐成丽同志先进事迹

徐成丽，女，汉族，1964年出生，北京人。1986年毕业于北京师范大学生物系，同年参加工作，现任中国医学科学院基础医学研究所与国家海洋局极地考察办公室共建"极地医学联合实验室"常务副主任，博士生导师，研究员。被评为中国医学科学院、中国协和医科大学2005—2006年度先进个人，中国医学科学院基础医学研究所2014年度先进个人。

徐成丽同志于1992年获中国科学院动物研究所硕士学位后，一直在中国医学科学院基础医学研究所从事生理与病理生理学的科研和教学工作。2005—2008年期间，徐成丽曾参加中国第22次和第24次南极考察，赴长城站和中山站开展第4次国际极地年南极医学国际合作研究。她工作努力，积极向上，团结相关的研究人员和队医们形成协作团队，自2003年至今，坚持不懈地在我国南极中山站、长城站和昆仑站现场开展南极医学研究。

由于南极的气候、地理和空间位置都很特殊，存在诸多自然和社会应激源，考察队员适应不良会产生应激性疾病。徐成丽同志采用生理学医学和心理学综合研究方法，从基因、细胞、器官系统、整体以及心理精神活动等方面研究考察队员对低氧、严寒、极昼、极夜、隔绝和强紫外辐射等南极恶劣环境因子的应激、代偿和适应，探讨不同环境因子对生理、心理应激的生理与病理生理学机制，服务于南极考察医学保障。

在3个国家自然科学基金面上项目、极地专项、"973"研究计划和有关部门经费的长期支持下，徐成丽主要进行4个方面的研究：南极冰穹-A低氧复合高寒环境对昆仑站冰盖考察队员的交互作用；长期居留南极中山站和长城站对越冬队员生理和心理的影响；模拟高海拔低氧环境进行低氧应激机制研究；在西藏高原系统性进行低氧易感的冰盖考察预选队员生理、心理筛查，选拔合格的冰盖考察队员。

2003—2015年，徐成丽负责完成了对8支南极冰穹-A冰盖考察队、11支中山站越冬队、3支长城站越冬队共22个队列406名考察队员的系统医学分析，数据集汇交极地科学数据共享平台，已初步探得长期居留南极的越冬队员的社会—心理—神经—内分泌—免疫调节网络的适应性变化；初步探得短期内南极冰穹-A考察队员对低氧复合高寒环境的生理、心理适应性，即从整体、心脏、脑、肺和血液系统功能，社会—心理—神经—内分泌—免疫调节网络，外周血白细胞全基因组表达谱型等水平取得的数据进行分析和整合，从整体上探讨应激的分子、细胞、器官、系统之间的相互作用，为医学防治提供关键数据。通过对现象—规律—机制的研究，产生了一批成果。发现南极环境对人的生理和心理有明显影响，不同考察站的环境因子影响不同，基本探明3个考察站的队员生理、心理适应模式，为考察队员的选拔、适应、防护、站务管理和有关政策制定等提供科学数据和建议，使研究成果服务于我国南极考察事业。

2015年4月，徐成丽与蒋澄宇课题组合作在国际权威期刊《分子精神病学》（Molecular Psychiatry，IF:15.14）发表原创性研究论文，该论文为揭示人类表型变化与机制之间的联系提供了新的方法，是自1962年以来国际南极医学研究SCI收录影响因子最高的非综述研究性论文，为后续研究和医学防治提供了新的生长点。该文首次通过人类对南极冰穹-A地区适应的生理、心理表型变化与全基因组表达差异基因间的关联分析；首次报道外周血去除红细胞的血细胞基因表达的变化会预测心理、生理表型的变化；发现情绪紊乱，包括紧张（焦虑）、抑郁、愤怒和疲劳与男性激素睾酮水平存在很强的线性正相关；证明了外周血去除红细胞的血细胞全基因组表达差异基因富集功能集与心理、生理适应的表型变化一致；鉴定了与情绪状态紊乱密切相关的70个差异基因，其中的42个已报道，并提示余下的28个基因可能是与情绪状态紊乱机制相关的新基因。

针对南极考察站越冬队员褪黑素昼夜节律失准，睡眠紊乱，季节性情感障碍亚综合征发病增加，越冬期负性情绪增加，团队成员间交流减少的问题，徐成丽建议采取干预策略如光治疗、优化队员作息时间等，防治睡眠障碍和昼夜节律失准同步。通过膳食调查发现，越冬队员高蛋白质、高脂肪、低碳水化合物、多油、高盐、缺少钙和维生素的膳食结构模式存在弊端，徐成丽也对此提出改进建议。2007—2015年，她以"任务带科研，科研保任务"的工作模式，每年7—8月在西藏高原开展低氧易感冰盖考察预选队员医学筛查，选拔合格的冰盖考察队员。

徐成丽同志自2006年至今，担任国际南极研究科学委员生命科学部人类生物和医学专家小组中国代表，积极开展极地医学的合作与交流。她还参与极地考察中涉及医学的一些重要工作，比如：南极冰穹-A建站医学保障可行性研究；考察队员岗前体检标准的制定等。

南极越冬队员与载人空间站长期驻留航天员所面临的许多环境和心理挑战十分相似，所以是航天和长期空间任务的高保真模型研究对象。随着2020年我国空间实验室任务的确立，我国航天员和科研人员将长期驻留空间站。今后，徐成丽同志将利用南极稀缺的科研资源，开展南极与航天的类比研究，以满足国家战略需求。

王中军同志先进事迹

王中军，男，汉族，1971年7月出生。1995年参加工作，中共党员，现任宝刚建筑系统集成有限公司建筑设计院总建筑师，副教授。2005年获吉林省省级优秀勘察设计一等奖、吉林省第五届建筑画展一等奖，2006年获全国手绘建筑画大赛三等奖。

王中军同志在参与南极能力建设方面做了大量工作，主要体现在3个方面：参与泰山站设计与技术研发；参加第30次南极科考队；参与极地事业发展能力保障建设研究。

（一）勇克难关的泰山站总设计师

2014年2月8日，泰山站举行开站仪式并投入使用。该站现场工期历时45天，圆满完工。这依靠施工人员的精诚合作，努力拼搏，更依靠国内设计团队的精诚配合与无私奉献。泰山站不仅承担起了内陆科考功能，更是一个集美观、人性化、环保、高科技于一体的示范站，成为科考站中的"高大上"。王中军就是该站设计团队的总负责人。

2013年3月，他作为总设计师接到南极泰山站设计任务后，立刻全身心投入到科考站设计工作中：组建设计团队，查阅技术资料，制定技术路线，走访专业厂商，挑选建筑材料，请教极地专家等，在很短时间内掌握了大量的极地建设知识并带领团队攻克了一系列技术难关。首先是抗风实验，要保证建筑物在60米/秒的极地寒风里纹丝不动；第二是要解决堆雪问题，确保建筑物不会被低吹雪掩埋；第三是基础处理，泰山站坐落在1900米厚的冰盖上，地球上其他地区根本没有类似的例子可供参考；第四是研究建筑保温手段，确保在室内外温差60℃以上时，建筑物外围护体系密封良好，且消除热桥；第五是采用装配式钢结构建造体系，确保45天内完成施工，等等。为解决这些难题，王中军带领设计团队日夜奋战，无数次修改设计方案，多次到风洞实验室查看结果，并根据实验改进方案，最终设计出"红灯笼"的造型，成功解决了抗风及建筑堆雪难题。在研究基础方案时，王中军用"空钉鞋的高脚杯"来形象描述泰山站："杯子"底座埋在雪下，并用钢钎固定在压实的雪中，防止发生水平位移。为做好建筑保湿，王中军总结以往极地建筑经验，到板材加工厂与有经验的工人及技术员交流，提出改进工艺方法，研究出新的建筑节点，避免出现建筑热桥，以确保外围护体系的气密性有效、可靠。他设计出新的建筑节点，引进耐低温的航空橡胶垫隔绝热桥，并已经申请了2项实用新型专利，另外一些相关技术专利也在申请中。王中军还确定了模块化建造的技术路线，为按时完成施工打下良好基础。这些技术必将为以后的极地建站工作提供支持。

在设计泰山站的同时，王中军还带领另一个团队设计出长城站1号栋的修缮方案及生活栋装修方案，并完成了施工图，确保选用的建筑材料随"雪龙"号起航。

（二）多才多艺的正能量传播使者

2013年11月7日，王中军搭乘"雪龙"号赴南极罗斯海进行现场踏勘、测量，为建设下一个科考部——维多利亚地站做准备。

"雪龙"号因救援遇险船只而延误了航期，到达罗斯海后，只能把在维多利亚地的测绘时间压缩一半。为完成测绘任务，王中军与另外9名队友打破常规，每天只休息三四个小时，只吃一次热餐，随身带着水和干粮，在乱石密布的5平方千米区域抓紧测量，每天行走十几千米，直至撤离前夕还坚守在工作岗位。

王中军还兼任维多利亚地队的党支部书记，多次组织队友学习党中央文件精神和习近平总书记重要讲话，提高了团队政治素养，加强了凝聚力。他处处以优秀共产党员的标准要求自己，以中国科技工作者的形象展示自己。在海上航行的2个多月里，王中军积极参与南极科考队的各项活动，不仅在"南极大学"主讲泰山站设计心得，还主动请缨重新绘制中山站油罐脸谱，让中国元素重放光彩。特别是在奔往罗斯海途中，"雪龙"号不顾自身安危，伸出援手解救被困俄罗斯科考船，因此被困在浮冰区不能动弹。当时大家都很焦急，为稳定人心，王中军响应号召，参与组织乒乓球赛、歌唱比赛，以缓解队员紧张心情；他还利用闲暇为队友理发、画像，先后为40多位队友画了速写肖像，为团队带来轻松的氛围；临近春节，王中军主动为大家写春联，为队友书写家乡问候联，由记者发送给国内媒体，把"雪龙"号的问候传遍祖国。

在长城站中转期间，王中军抓紧调查建筑状况，制定整改措施方案，检验1号栋修缮工程的完成情况。外出考察归来时，他和队友一起捡站区外围的建筑垃圾，随手做环保。此事恰巧被新华社记者看到，报道发表在《参考消息》，受到读者的赞扬。

（三）满怀豪情的极地建筑追梦人

从南极回来以后，王中军同志对极地建设的热情更高了。公司成立了"极地建筑设计研究所"，由王中军担任所长，他带领团队开展了"模块化建造体系在极地建设中的应用"研究，以解决极地恶劣环境下的快速建站问题；开展"南极维多利亚地科考站新能源利用"研究，以解决风电与光电互补供能问题，力求新站建设达到或超越南极环评的要求；开展"涂镀钢板在建筑装饰的应用"研究，以解决建筑防火、墙面开裂等问题。

在一年多的时间里，王中军带领团队调研了几十家企业，开展多个专项技术研究，与厂家共同建造等比例模型及开展技术实验。目前有4项实用新型专利、2项发明被有关部门受理。

王中军还主持承担了"'十三五'极地事业发展能力保障建设"课题研究及《"十三五"极地重大工程规划》编写工作，为设计、建造高水平的新建科考站打下坚实的基础。

徐刚同志先进事迹

徐刚，男，汉族，1947年9月出生。1972年参加工作，中共党员，曾任贵州鑫汇天力柴油机成套有限公司（以下简称"鑫汇天力公司"）技术中心副主任，高级工程师，2007年退休后被原单位返聘留用。在单位工作期间被多次评为"先进工作者"。

徐刚同志长期从事柴油机的设计和试验研究工作，除承担该公司日常的技术任务外，还参与负责极地考察的相关保障工作。

1985年9月，鑫汇天力公司为南极长城站提供了两台75GF210（N）型自启动余热利用发电机组。徐刚同志参与了该机型的设计工作，从此，他与南极科考事业结下了不解之缘。

2000年，徐刚主持了对长城站3台6135AZD型余热利用柴油发电机组的技术改造，降低了机组的排气烟度、排气温度，同时节省了燃油；经比对，改造后节油率为6.43%，为长城站每年节省柴油6.7吨，并提高了机组运转的可靠性，消除了机组曾出现的一些故障，其中二号、三号机组运行了3600小时，年终保养时未发现任何故障。

2006年，徐刚参加中国第23次南极科考队，对长城站3台128千瓦发电机组进行大修。在时间短、配件供应紧缺的情况下，最终圆满完成了大修任务。

2007年，徐刚参与南极昆仑站的建站设计工作，负责发电系统的设计；

参与中山站新发电栋的设计，多次参与方案论证，并担任过技术方案论证专家组组长；参与制订长城站、中山站发电系统的大修方案，分析运行中出现的故障并制订处理方案等。徐刚为我国南极考察站发电系统的建设、运行和技术改进做了卓有成效的工作。

从1984年我国正式建站开展南极科学考察至今，鑫汇天力公司已派出86人（次）参加考察站后勤保障工作。徐刚同志从1995年开始负责此项工作，20年来为南极科考选拔了76人（次）。这些队员多次被评为"优秀队员"，被誉为南极科考站发电机组的"好保姆"，保证了科学考察工作的顺利开展。其间，他要做好队员的推选、教育、培训、慰问以及队员家属的安抚、协调和化解矛盾等工作。

在宣传我国南极科考事业方面，徐刚也做了不少工作：为贵州电视台、贵阳电视台、《贵阳晚报》《贵阳日报》等媒体提供素材，进行宣传报道；他还到学校为小学生讲南极专题课，使小朋友们对南极科考事业产生了极大兴趣。

徐刚同志虽然已退休多年，但仍然在为自己所热爱的南极科考事业而忙碌奔波着。

徐兴生同志先进事迹

徐兴生，男，汉族，1962年6月出生。1981年7月参加工作，中共党员。现任厦门厦工机械股份有限公司挖掘机事业部品质管理部调试班班长。

（一）三次参加国家南极科考工作

1. 2009年11月至2010年3月，徐兴生同志参加中国第26次南极考察。在站区新建项目多，施工工期短，机械设备品种较多（很多机械是徐兴生未接触过的老旧设备），故障率高及自然环境恶劣的情况下，他靠过硬技术和吃苦耐劳的精神出色地完成了站区新油罐吊装任务、气象站地基挖掘施工及科考设备的安装任务，并对站上机械进行全面维护和保养。在没有备件的情况下，他成功修复一部老旧推土机离合器，使之正常工作。徐兴生辛勤工作，保证科考项目顺利展开，赢得队友和站长的好评，被评为"优秀队员"，也为企业赢得荣誉。

2. 2012年12月至2013年12月，徐兴生参加中国第29次南极考察。他原先入选的是第30次南极考察队，因原第29次考察队机械师受伤回国，于是提前调徐兴生来补缺。他到站后修复两辆雪地车、两部吊车、两部雪地摩托车，使站上的其他机械完好入库，确保越冬期间科考人员出行和站务活动机械正常使用。在完成本职工作的情况下，徐兴生帮助队友维修给水和离心电机等设备并从事其他站务劳动。由于表现突出，徐兴生以最高票被评选为"优秀越冬考察队员"。

3. 由于在两次考察任务中表现出过硬的技术和吃苦耐劳的精神，徐兴生给极地部门留下良好印象。在2015年第32次南极科考培训考核中，他被选为第32次南极考察队长城站越冬机械师，于2015年12月第3次远征南极。

（二）新产品试制和技术革新

1. 2010年，徐兴生负责806型挖掘机试制和实验。在实验中，他发现机器存在整机振动严重、噪声大、燃油系统易堵塞和空调压缩机固定螺栓易折断等问题。徐兴生通过实验观察，分析出问题产生原因并提出整改意见，经整改后问题得以解决。

2. 2014年，徐兴生负责808型及多款型号挖掘机的新机验证并提出改进建议，及时发现新装配的"伊顿"系统和"力士乐"行走电机存在的问题并上报，避免公司蒙受更大损失。徐兴生不但亲自解决调试时发现的"疑难杂症"，还认真向调试员讲解如何分析判断故障原因和部位，提高员工的技能。

3. 2015年，徐兴生负责815型挖掘机掉履带问题的整改。他冒着酷暑到湖北多处工地进行调研，仔细研究问题，提出新的方案并被采纳。他还带新员工到工地解决问题，在为代理商提供技术支持的同时，还帮助员工提高实际动手能力。

4. 2012年，徐兴生发现806型挖掘机的发动机启动电机存在缺陷，由于其密封性不佳且机罩遮雨效果差，造成启动电机严重进水，无法启动。当时，更换一个进口电机的总成本要5000元人民币，故障机器有120台，共需60万元人民币。徐兴生向领导建议拆下电机修复并加装防水隔板，他带领班组成员在没有花费任何配件费用的情况下，把120台机器修复，为公司挽回经济损失。

（三）传授技艺

1. 2014年，公司事业部为了培养挖掘机调试、维修方面的高技能人才，指派徐兴生担任项目负责人。他先后组织培训两批共11名学员，系统培训挖掘机液压原理、电路原理、发动机工作原理及实际操作等维修技能，指导学员拆装、修复发动机和工作泵电机等零部件。通过培训，学员的技能得到很大提升，并在2014年公司组织的挖掘机维修工大赛中包揽第一名和第二名的好成绩。该培训项目激发了事业部员工学习维修技能的兴趣，得到事业部领导肯定和赞赏。

2. 2015年，徐兴生为公司培训了3批国贸驻外服务人员和代理商服务人员。2013年、2014年和2015年连续3年担任公司挖掘机维修工大赛裁判员。

3. 徐兴生从事装载机、挖掘机装配、调试工作达34年，在条件恶劣的南极科学考察活动中担任机械师，积累了丰富的机械维修经验，并积极在公司"传帮带"活动中发挥自己专长，近5年来培养了挖掘机中级维修工36名，高级维修工20名。

胡今为同志先进事迹

胡今为，男，汉族，1957年1月出生。1976年3月参加工作，现就职于北京城乡欣瑞建设有限公司，担任工程师。

胡今为同志是一名工程技术人员，长期从事技术工作。他作为北京金属结构厂设计人员参加了当年第一批南极考察站储油罐的设计、制造及安装工作。自2003年至今，胡今为负责我国南极考察后勤保障项目中长城站及中山站储油输油系统（包括柴油系统及航空煤油系统）项目规划、设计、建设施工、系统调试、试运行、工程验收及交付工作，并于2005年、2006年、2009年、2011年及2014年5次参加中国南极考察队奔赴南极，得到极地考察领导部门及单位的一致好评和信任。

在极地考察"十五"能力建设方案编写工作中，胡今为负责编写南极科学考察站储油系统20年使用后重新建设立项书，编写了关于南极长城站和中山站柴油储油罐区及配套设备改造工程建议书。上述建议书被采纳编入极地考察"十五"能力建设内容。

在编写南极科学考察站新储油系统规划书及初步匡算过程中，胡今为创新性地提出了采用不锈钢制造储油罐，将极端使用温度从-20℃降低到-200℃，可在南极任何环境下使用，由此带来巨大经济效益。其创新之处为：①首次实现所有用油商务管道化输送；②首次采用不锈钢制造储油罐；③首次铺设地下防静电离子接地极及防静电网；④首次加装防溢油装置，防止漏油污染环境。

2005年，胡今为参加第22次南极考察，负责中山站储油系统建设用地选址。经过对距离、高程、风向、表面地质、积雪、管路走向、对站区道路及站区的整体性影响的分析，他最后选定姜女峰山后方为600立方米储油罐区建设用地，后经审核批复确定。

2006年，胡今为参加第23次南极考察，负责长城站储油系统建设用地选址。到站后，他根据实际调查情况，选定老油罐区附近某区域为704立方米储油罐区建设用地，后经审核批复确定。

2008年，胡今为参与中国极地考察"十一五"能力建设项目中的中山站航空煤油储油系统初步设计规划书的方案编写。经长时间多方论证及反复协商，最终达成实施方案。目前，航空煤油储油系统现已建成运行，实现全机械化操作，工作效率提高了数百倍；油品质量安全可靠，极大地消除了环境污染隐患，社会效益和经济效益特别显现。

2009年，胡今为参加第26次南极考察，前往长城站。作为新储油系统建设现场施工负责人，他首先遇到的困难是如何将8台直径3.2米、长9米、重10吨的储油罐从"雪龙"船运输到长城站。由于设备条件有限，大家经反复研究，最后确立方案：首先在码头旁边建造一个冰平台，用两台吊车将油罐从驳船吊至冰平台上，然后移动两台吊车的位置，再将油罐从冰平台吊至码头。大家用这样的方法苦战16个小时，完成了任务。遇到的第2个困难是从码头到施工地点没有可供运输储油罐的路，全为碎石滩，更没有合适的运输拖车。为解决问题，队员们从1千米外挖运沙石3000立方米，修路500米并修建车辆转场地，用两辆平板车焊接组装成一辆12米长的大型运输车。这些工作用时1个月完成。遇到的第3个困难是在开挖储油罐基础坑时遇到冻土层，无法施工。胡今为同志作为现场施工负责人，根据实际情况果断更改原施工设计，重新制定了储油罐区、输油泵泵房、输油管位置高程及走向。本着对国家、对考察队、对任务负责的精神，他带领施工人员连续奋战45天，完成了任务并进行12项保障安全使用的测试实验，得到了建设方的一致好评。全系统输油成功，结束了长城站20多年来用油要靠车拉的艰辛历史，开启了油品全部由管路输送的新时期。

2011年和2013年，胡今为同志分别参加了第28次和第31次南极中山站考察。负责中山站航空煤油储油罐区建设选址及储油罐基础、储油罐区防溢油槽、灌装场地设备基础及灌装场地防溢油槽的土建施工。在设计过程中，他充分考虑到设施在不同季节的使用情况：夏季可组装使用，冬季可将软管、输油泵拆解放置在旁边的集装箱内，以保持设备的完好性。从测绘、定位、找平、焊接、储油罐分层吊装、系统连接、电源接入、油泵调试、气密性试验、航空煤油灌装、验收直到交付使用，均在规定的时间内提前完成。

王维华同志先进事迹

王维华，男，汉族，1946年11月出生。1967年参加工作，中共党员，原为中国新型建筑材料公司（现更名为"中国建筑材料集团有限公司"）职工，现已退休。1985年荣立南大洋南极洲考察任务一等功。

作为基层的施工人员，王维华同志凭借着丰富的经验，较强的应变能力，主要负责具体的房屋建设指挥和现场施工工作，并且表现突出，对长城站的建立起到了重要的作用。在准备阶段，他负责建筑材料、建筑工具的筹备和建筑方案的设计拟定，确保在南极恶劣的天气条件下，长城站能够成功建成。在登陆南极后，王维华具体负责物资的调配，他按照南极考察队任务分配，确保物资能够按照安排顺利装卸。在站区房屋建设过程中，作为主要负责房屋施工的两名同志之一，他克服困难，积极解决各种问题，并在突发情况时舍身抢险，保证了房屋的按期完工。王维华为长城站的成功建立做出了重要贡献。

（一）不断尝试，试验各种房屋建设应对方案

执行南极考察任务之前，为确保长城站的成功建设，中国新型建筑材料公司选派的考察队成员必须选定房屋建筑材料以及房屋的具体施工建设方案。共有两名同志具体负责房屋的建设，王维华作为具有17年施工经验的基层工人，主要负责房屋的具体施工工作。他思维清晰，工作努力，善于思

考，就这样日日夜夜，苦思冥想了几十种在南极恶劣环境中的房屋建设方案，制作了几十页工程图；同时，不断地论证各种方案的可行性，用最快的速度组建成保温、抗寒、坚固的房屋，不仅确保能够在南极极端气候下顺利完成考察任务，也为长城站的成功建立奠定了基础。

（二）积极应对，及时发现并化解航舶险情

在前往南极的航行途中，整个团队晕船的现象比较严重。王维华身体较好，反应调整能力强，承担了在船上照顾一些身体不适队员的工作，深受团队的好评。在航行中，王维华一次关键且及时的发现，可以说挽救了整个考察队的生命财产安全。当时航船驶入太平洋不久，王维华在查看物资时，发现下层船舱有漏油情况，其他人均没有注意到。王维华及时发现了这一异常，并马上报告了队长和船员，相关人员立刻赶到现场。经过专业人员检测，这是一起非常严重的故障。在考察队领导和专家的集思广益下，各方相互支援，共同抢修。王维华也积极主动地参与抢修，具体负责船体检修。经过48个小时抢险，大家圆满完成了故障抢修工作。当时据专家说，如果不是王维华及时发现并汇报了漏油事件，一旦遇到明火，会导致整个船体燃烧，考察队和船员都将面临生命危险，这件事也让大家对王维华刮目相看。

（三）敢于担当，顺利完成物资卸船工作

王维华头脑灵活，准备充分，对船上物资及位置了如指掌。考察队长郭琨指派他具体负责全船物资的调配，王维华也积极接受了领导的安排。当到达南极，大多数人都下船体会成功登陆的喜悦时，王维华却留在船上看管物资，并准备进行物资的调配。调配物资的指令发出后，王维华按照要求，有条不紊地安排着相关人员到指定地点搬运物资下船。船上物资种类多、分布广，但是王维华能够清晰地记得每种物资的位置，使大家以较快的速度完成了卸运工作，为南极考察争取了时间。同时，他讲究工作方法，利用自己的经验，在大船晃动、吊钩摇动、小艇摆动等不稳定条件下，巧妙地将大型物资以有效、省力的方式快速搬运下船，并与他人积极分享经验，使大家提高卸船效率，在南极恶劣的天气下能够较早休整并尽快投入考察建站工作。

（四）以身作则，突发情况舍身抢险

在考察站房屋建设过程中，遇到了很多考验。南极变化莫测的天气，让施工面临重重困难，团队基本是24小时连续工作。王维华作为房屋施工的主要负责人，休息的时间更少。他不仅积极投入具体施工工作，还指挥其他同志协同配合，确保完成"27天建成长城站"的目标。面对各种错综复杂的情况和问题，王维华总能够找到解决方法。比如有石膏板型号不匹配，有穿孔容易漏风，他便想出办法，将原有的型号利用起来，用石膏粉将孔堵住，确保保温作用。特别是有一天，在房屋顶板搭建完成后，突然刮起了十几级大风，将顶板掀开。如果顶板被吹跑，将对建站工期有严重的影响。王维华作为房屋建设的主要施工人员和负责人，承担起了修缮工作。他爬上5米高的房顶，独自将顶板固定好。由于风太大，王维华身上捆上了安全绳，队员们在下面拉着他，但稍有不慎还是容易被大风卷走。他就冒着生命危险，独自在房顶修缮顶板。风越来越大，温度越来越低，队员们时刻牵挂着王维华的安全，但是他顶住了压力，凭借着丰富的经验和坚韧的毅力，很快完成了房屋顶板的固定工作，确保了长城站的如期完工，得到大家的钦佩。

王维华作为一名基层房屋施工人员，凭借着丰富的经验、较强的应变能力、不怕危险的精神和坚韧的毅力贡献了自己的力量，完成了组织安排的任务，确保了长城站的成功建立。目前，长城站的那些房屋依然伫立，服务着一批又一批考察队员，王维华的精神也为一代又一代建筑工作者树立了榜样。

张申宁同志先进事迹

张申宁，男，汉族，1955年8月出生。1973年参加工作，中共党员，现任江南造船（集团）有限责任公司专项总监，高级工程师。2002年荣获上海市企业管理现代化创新成果三等奖，2008—2009年被评为中国船舶工业集团公司劳动模范，2012和2014年分别荣获上海市企业管理现代化创新成果二等奖、三等奖。

张申宁同志作为该公司极地科考船维修改造领域领头人，为中国极地考察事业做出了巨大贡献。同时，他先后主持或参与了多型舰船的造修工程，在XX9B型水下高新产品建造、航天测量船"远望"系列建造及修理、高速集装箱船建造、83KVLGC型等高附加值民用船建造、市政工程建设及新造船模式下管理创新等领域均发挥了重要作用。张申宁在技术自主创新中，运用所学，先后主编完成及参与发表了《航天测控船项目管理》《"远望"号可调式轴系系统修理研讨》《浅议"远望"号艉轴密封的改进设计》《特种高强度钢性能纠偏热处理技术研究》《浅议"雪龙"号恢复性改造艉轴系统拆卸》等论文。在担任《中国修船》杂志编委期间，他积极投入，为推动我国造船、修船技术水平不断提升发挥了积极的作用。

2002年，张申宁组织带领抢修团队成功完成"雪龙"号克令吊抢修工程，并荣获国家科学技术协会颁发的优秀质量奖；2004年负责"雪龙"号艉轴第一次完整性检修工作，在不邀请国外服务商的情况下一次成功，获得业界高度认可；近年来，张申宁同志先后发表了《浅议"雪龙"号恢复性改造艉轴系统拆卸》等论文,为推进我国修船技术进步发挥积极作用;其带领的"雪龙"号维修改造团队在2013—2014年年底圆满完成维修改造任务,贡献突出,因此分别获江南造船(集团)有限责任公司2013和2014年度"感动江南十佳团队"称号,"雪龙"号极地科考破冰船整体设计改造工程荣获上海市科学技术奖二等奖。

在2013年度"雪龙"号科考船维修改造工程中,张申宁带领500余人参与施工,在32个通宵轮班赶工,高温季节亲自组织召开现场工地会60余次,创下了170天完成600天工程量的惊人成绩。"雪龙"号改造后,其重心高度从原始设计的10.14米降低至10.09米,船体稳性得到较大提升,使"雪龙"号在空载情况下,无需通过油舱压载水就能保障航行,安全性能大增;装载能力也大幅提升,达到9600吨,提高了近3000吨;除对动力系统、船体结构进行改造外,"雪龙"号锚机、舵系设备多年积累的故障也被排除,消除了多处隐患。"雪龙"号维修改造工程创造了在相同周期内单船维修改造工程量国内第一、机舱整体改造换新全国唯一、成功修理大型可调桨轴系(直径930毫米)全国唯一等多项佳绩,创新了单元模块组合安装,并首次在修船中运用精度控制管理,确保了"雪龙"号"心脏手术"一次成功,使用寿命将延长10~15年。"雪龙"号科考船于2013年10月10日顺利交船,11月初第30次南极考察任务顺利执行。2014年9月,张申宁带领"雪龙"号维修改造团队放弃国庆节休息,用25天时间高效率完成"雪龙"号"11·18"专项改装工程,确保了"雪龙"号按期赴南极考察、出访澳大利亚并接受中澳两国元首检阅。"雪龙"号科考船的维修改造工程得到了机关领导和同行的高度赞扬,开创了江南造船(集团)有限责任公司公务船建造与维修改造的新模式。

齐焕清同志先进事迹

齐焕清，男，汉族，1967年9月出生。1989年参加工作，中共党员，一级飞行员，现任中国飞龙通用航空有限公司飞行部部长，直升机副总飞行师。

作为一名出色的直升机飞行员，齐焕清同志在他的职业生涯里共参加过两次北极科考、两次南极科考。1999年7月1日，齐焕清和他驾驶的直-9直升机一起随"雪龙"号科学考察船离开上海港，远赴北极。在北极独特的地理环境和气候条件下，直-9机组要经受海流、浮冰、大风、浓雾的考验，不仅要求飞行员具有高超的驾驶技术和胆略，更是对直升机性能的全面考验。凭借高超的飞行技术和过人的胆识，齐焕清出色地完成了首次北极科考的飞行任务。在首次北极科考的71天里，齐焕清机组共飞行67个架次，飞行时间49小时52分，运送人员627人次，运送货物4500千克，创造了国产直升机首次在北极极地飞行、在浮冰上降落的新纪录，中国飞龙通用航空有限公司也成为中国第一个进入极地的航空公司，被载入《中国企业新纪录》。

2003年7月，齐焕清又参加了第2次北极科考。在近两个月的科考期间，齐焕清和机组成员克服七级大风和能见度仅几十米的恶劣自然条件，一起驾驶直-9直升机飞行55小时30分，作业面积达上万平方千米，出色地完成了投放浮标、投放海冰温度盐度变化探测仪器和抢险救援等任务。

2005年11月到2006年3月期间，齐焕清参加了第22次南极科考。在这次科考任务中，齐焕清和他的同事们完成了一次国际人道主义救援的壮举。当地时间1月11日晚，一份来自澳大利亚南极科考站的传真传至中国中山站：澳大利亚科考队的一架飞机在执行科考任务时发生故障，迫降在距离其科考站数百千米的南极冰盖上，3名澳大利亚科学家被困。该国科考站的直升机由于携带油料和运载能力限制，无法进行营救，特请中国科考站紧急救援。中山站立刻展开行动，齐焕清和同事们一起驾驶两架直-9先后4次穿越南极的"飞行禁区"参与救援。澳大利亚飞机迫降位置距中山站700多千米，直-9无法直接飞到目的地。中澳双方紧急协商，决定采取空中接力的方式，由澳大利亚的两架"松鼠"式直升机搭载维修师飞到位于中山站和事故发生地之间的海狸湖营地，而两架直-9前往距离中山站110千米的三桑岛储油站，为"松鼠"直升机运送16桶共计3.2吨的航空煤油。海狸湖营地距中山站360千米，直-9要先飞到三桑岛装油，然后送到海狸湖营地。一架直-9一次最多只能装4桶油，每架直-9要来回飞两次，飞行距离1200千米，加上装卸油时间，预计需要12个小时才能把所有油料运送到营地。在南极的狂风天气下，直升机无法进行远距离吊运，只能打破飞行安全规定，把油桶搬进机舱运输。直-9机舱只能容纳8个人，储油站又没有任何装运工具，想把200千克重的油桶放进离地面1米高的机舱内很难。7名机组人员搬来4个油桶进行试验，终于找到了合适的装卸方法。当地时间1月12日15时左右，两架直-9载着7名机组人员和5名科考队员起飞，执行这次国际救援任务。救援队还带了一箱饼干、一箱矿泉水和12套睡袋，以防遇到恶劣天气无法返回。到达三桑岛储油站后，队员们找来木板，依靠人力，4人一组逐个把油桶送上飞机，随后飞往海狸湖。海狸湖营地与三桑岛储油站之间是南极第三大冰架——埃莫里冰架。这个巨大的冰架总面积超过7万平方千米，时常出现使飞行员"恐惧"的白化天气，而两架直-9必须穿越这一"飞行禁区"。刚一进入冰架区域，直升机就被云雾包裹，一时分不清哪里是云哪里是冰。为了躲避云雾，直-9被迫进行超低空飞行。250千米的航程，平均时速300多千米的直-9竟飞了1个半小时，在营地苦苦等候的澳大利亚救援人员终于盼到了航空煤油。为尽快完成任务，卸下煤油后，队员马上返回储油站，将剩余的8桶油运送到海狸湖营地，比预计时间提前了3小时完成整个救援任务。1月13日凌晨，连续奋战11个小时，4次空中穿越"飞行禁区"，飞行总距离1200千米的两架直-9顺利返回中山站。这次救援行动是我国南极科考史上首次动用空中力量对外国科考队进行的国际人道主义援助，工作强度、飞行距离和难度都创造了历史纪录。这次关系到国际同行生命安全的大营救经历，让直-9队员颇为自豪。事后，澳大利亚科考队向中国科考队表示了诚挚感谢。他们表示，中国科考队冒着生命危险送来的16桶航空煤油，对他们顺利修复迫降飞机、营救被困人员起到了关键作用。中国的飞行员不顾生命安危的国际主义援助义举，令他们深深感动。在这次科考中，首次利用直升机完成拉斯曼丘陵地区的航空摄影测量；进行高空大气物理观测，取得了太阳黑子11年周期的完整观测数据。

2008年10月至2009年4月，齐焕清参加了第25次南极科考。齐焕清机组随"雪龙"号出征，主要承担从科考船到站点之间运送科考队员、建站物资和生活必需品等工作。经历过三次极地科考的锻炼，齐焕清的经验更加丰富，圆满地完成了各项繁重的飞行任务。

作为一名共产党员，一名出色的直升机驾驶员，齐焕清同志在几次极地科考任务中，不畏艰险，直面挑战，经受住了恶劣天气和繁重科考任务的严峻考验，圆满地完成了各项任务，为国家极地科考事业做出了突出的贡献。

孙立广同志先进事迹

孙立广，男，汉族，1945年5月出生，1968年毕业于南京大学地质系，1977年至今就职于中国科技大学，教授。2003年荣获国家海洋局海洋创新成果奖一等奖，2004年、2006年、2012年和2013年获得中国科学院优秀研究生指导教师奖；2003年至今，多次荣获国家海洋局优秀极地论文奖。

　　孙立广同志1998年参加了中国第15次南极科学考察，在长城站工作了3个多月时间。他克服野外艰苦条件，对长城站周围生态、地质等特征进行了详细考察，并采集了大量样品，获得了宝贵的第一手资料。2004年，孙立广参加了北极科学考察并参与北极黄河站的建立。

　　孙立广在野外科学考察的基础上，以极地环境与全球变化研究方向为突破点，取得了一系列有国际影响的研究成果。根据野外考察资料，他以独特的含企鹅粪和生物残体的沉积序列为过去环境信息的载体，运用多学科交叉的研究方法，探讨了企鹅过去几千年来种群数量的变化及其与气候环境变化之间的关系；在国际上首次提出了研究南极典型海洋动物古生态演化的生态地质学方法。在此基础上，通过海豹粪与海豹毛的研究，恢复了法尔兹半岛距今1500年来海豹数量变化及其对冰盖进退的响应；重建了3000年来企鹅粪中的Pb含量变化，揭示出工业革命以来的人类活动已经影响到南极生态圈；发现过去2000年南极海豹毛和生物粪土层中人类文明的历史信息，汞含量的波动与金银冶炼的兴衰存在明显的响应关系；提出并运用有机地球化学方法来精细探讨南极生态环境演化过程。根据上述研究成果，申请者首次提出了"南极无冰区生态地质学"重要研究方向，并于2006年出版了学术专著《南极无冰区生态地质学》，建立了"南极无冰区生态地质学"这个全新研究领域的理论体系和成套研究方法。孙立广将上述研究所确定的生态地质学研究方法应用在北极，在北极找到了研究12 000年前海鸟数量变化和冰川进退的古环境载体。

自2000年以来，上述研究成果主要以180多篇的论文形式发表，其中SCI论文90余篇，独创的"企鹅考古法"研究成果发表在《Nature》上，被认为"是一种研究南极湖泊集水区历史时期企鹅数量新颖的生物地球化学方法，在不久的将来，它很可能形成某种活跃的研究领域"；该项研究成果也被《Nature China》作为研究亮点报道；研究成果直接推动了"南极无冰区生态地质学"的形成与发展，并受到同行们的关注；美国权威综述性学术刊物《Science Progress》邀请他撰写了综述性文章；世界气候变化研究权威机构——美国二氧化碳和全球变化研究中心在该机构出版的《CO_2 Science Magazine》上对该文进行了专题评论，认为应重新评估目前气候剧烈变化对南极生物多样性的影响。美国生态学会（ESA）主办的专业期刊《Frontiers in Ecology and the Environment》以快报形式报道了"南极海豹毛中的Hg与人类文明"的研究成果，并称其对研究文明的发展与环境代价有重要的科学意义。这些研究成果被教育部评为"2000年中国高校十大科技进展"，被科技部、财政部、国家计划委员会（现名：国家发展和改革委员会）、国家经贸委联合评为"九五科技攻关优秀成果"，获"安徽省自然科学奖"一等奖等嘉奖，2006年入选国家自然基金委优秀成果。

同时，孙立广利用丰富的野外考察经验，指导学生赴极地地区进行科学考察，并培养学生的研究能力。已指导他所在的极地环境研究室青年学生36人次赴南北极考察。培养的研究生中一人获得全国百篇优秀博士论文奖（2003年），一人获得中国科学院50篇优秀博士论文奖（2006年）和全国百篇优秀博士论文提名奖（2007年），一人获得安徽省优秀硕士论文奖（2008年）。结合野外考察经历和室内研究成果，孙立广面向全校本科生开设"地球科学与极地科学导论"课，深受学生好评，2007年被评为"安徽省精品课程"。

孙立广根据南极野外科学考察经历和感受，回国后出版了《南极100天》，并以南北极、西沙考察和研究成果为主要内容，在中国科技大学博物馆举办了面向全校师生和广大市民的"跨越两极——南极、北极、西沙科考展"。孙立广还经常到幼儿园、学校开展极地科考讲座，热心向大众普及南北极科学知识，引起了广泛的关注和好评。

丁明虎同志先进事迹

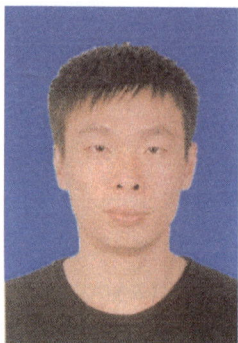

丁明虎，男，汉族，1983年9月出生。2013年参加工作，中共党员。现为中国气象科学研究院副研究员。2013年荣获中国第四纪科学研究会"刘东生地球科学奖"和中国气象科学研究院"华风优秀博士后奖"，2014年荣获"全国优秀青年气象科技工作者"称号，被评为中国第6次北极考察"优秀党员"。

自2005年起，丁明虎同志一直从事极地的考察与研究工作，前后4次参加我国极地现场考察，其中两次赴南极冰盖最高点——昆仑站地区参加考察。作为研究人员，丁明虎主要负责冰川学、气象学和大气化学等学科的野外考察、室内实验和数据分析等系统性研究工作；先后发表论文35篇，其中以第一作者或通讯作者身份发表12篇（SCI收录6篇），参与撰写专著5部，作为第一发明人获授权发明专利1项、实用新型专利1项；主持青年基金、博士后特助等多个国家级项目，并作为骨干参加了极地专项、行业导向型项目和国家重大基础研究计划（"超级973"项目）。

丁明虎同志在以下几个方面为我国极地工作做出了突出贡献：

1. 多次参加极地现场考察并表现优秀。丁明虎同志多次参加南北极和青藏高原考察，在南北极布设了多台气象站和大气成分观测设备，并在考察中开展探空气球施放、降雪观测、大气化学样品及降水样品采集等多种现场工作，长期参与昆仑站深冰芯钻探工作。完成了多项多学科任务，历次考察均被评为"优秀队员""优秀党员"。

2. 负责极地研究色谱光谱类仪器的维护和改造，并获得多项专利。南北极取回的样品，需在国内实验分析以获取相关环境数据。根据考察现场情况，丁明虎设计并改进了相关仪器。如考虑到现场地形，设计了易碎仪器缓震运输系统，发明了针对光谱仪的便携式标定系统并取得两项国家专利。

3. 通过观测和模拟结合研究，首次发现了南极内陆水汽来源的"三段分带性"。通过现场表层雪采集和实验分析，针对水汽传输代用指标——水同位素比率开展研究，结合模型模拟结果，发现了南极海岸至冰穹水汽来源分为三个不同区域，部分研究结果已发表在《Chinese Science Bulletin》和《Climate Dynamics》上。

4. 通过多年现场观测，发现"南极内陆并未像预测般降雪增加"。围绕气候变化热点，长期在中山站至昆仑站断面开展花杆物质平衡观测，并结合冰芯和再分析资料，分析了南极冰盖对海平面变化的贡献，部分研究成果已发表在《极地研究》《Journal of Glaciology》和《地球物理学进展》上。

5. 长期参与政府间气候变化委员会（IPCC）海平面变化和冰冻圈两个章节的编辑及审阅工作，努力将我国极地研究的成果推广至国际。如在IPCC第五次评估报告的撰写过程中，第一稿及第二稿未引用任何我国极地考察论文。丁明虎同志作为TSU成员，推荐8篇我国极地考察研究论文给多名主编，获引用3篇。

6. 针对我国极地气象观测与国际水平有所差距的现状，发展了极地大气观测远程控制、数据接收和发布系统。目前已完成与气象观测相关的远程控制和数据接收模块，初步完成数据发布系统。已实现极地气象观测和大气成分观测的所有软硬件系统建设。

7. 自2013年以来，丁明虎同志还负责了南极气象越冬观测队员的选拔、培训和派出等相关工作，保证了我国极地气象观测业务的正常运行。于2013年参与了国际冬季横穿南极计划，拓展了我国在极地领域的研究范围；于2015年4月当选国际北极科学委员会（IASC）大气工作组常委，参与北极考察项目的国际评审；2010—2015年担任第二届WCRP/CLIC暨第一届IUGG/IACS中国委员会极地工作组秘书。此外，丁明虎多次受邀参加国际极地研究大会。

在长期野外工作中，丁明虎同志不仅表现出了高水平的研究素质和野外经验，还表现出了优秀的政治素养和道德品质。如2008年7月，他带队首次登上了杰玛央宗冰川（长度11千米，海拔5500米），开拓了雅鲁藏布江源头的冰川和水文研究；2009年4—5月，他带队前往珠穆朗玛峰东绒布冰川考察过程中，先后在第二营地（海拔5800米）和第三营地（海拔6300米）发现昏迷登山者。在自身也可能出现高原反应的情况下，他不顾生命危险，三日内分别背负两位遇险者下山，挽救了他们的生命，体现了极高的党性修养。

丁明虎同志兼具优秀的科研能力和道德水平，是一位出色的极地工作者，为我国极地工作做出了突出贡献。

附：丁明虎同志野外考察工作和任务完成介绍

（1）2006年8月13日至9月29日，念青唐古拉山东段拉弄冰川：气象站架设及物质平衡观测；喜马拉雅山中段珠峰东绒布冰川：气象站架设，物质平衡观测及雪冰样品采集。

（2）2006年11月7—24日，天山中段奎屯1号冰川：冰芯钻取（27米）。

（3）2007年7月3—15日，祁连山老虎沟冰川：新式钻机测试及冰芯钻取。

（4）2007年11月12日至2008年4月16日，中国第24次南极考察内陆考察，自中山站至冰穹−A地区：低温气象站（Panda-N，Panda-S）架设，物质平衡观测，雪冰化学及冰芯钻取（20.5米）。

（5）2008年7月13—27日，喜马拉雅山西段雅鲁藏布江源头杰玛央宗冰川：新地区探路及冰储量测量。

（6）2009年4月12日至5月23日，喜马拉雅山中段珠峰东绒布冰川：冰储量测量，雪冰样品采集及冰芯钻取（因拯救两位登山者，导致体力过度透支，因此冰芯任务失败）。

（7）2009年7月21—29日，天山乌鲁木齐河源头1号冰川：气象站架设。

（8）2010年11月3日至2011年4月1日，中国第27次南极考察内陆考察，自中山站至冰穹−A地区：低温气象站（Panda-1）架设，物质平衡/降雪观测及雪冰化学观测。

（9）2014年7月11日至9月24日，中国第6次北极考察：气象站架设，大气成分及大气边界层结构观测。

（10）2015年4月13日至5月9日，北极黄河站考察：气象站维修，远程气象观测系统安装调试。

逯昌贵同志先进事迹

逯昌贵，男，汉族，1955年4月出生。1978年参加工作，中共党员，现为中国气象科学研究院高级工程师。在所参加的历次极地考察中均被评为"优秀共产党员"或"优秀考察队员"。

1986年以来，逯昌贵同志在中国气象科学研究院极地气象所工作，一直从事极地气象考察与研究，13次赴南极和北极考察，其中赴南极考察4次，北极考察9次，主要负责极地气象观测和考察仪器的技术培训和维护及资料整理等。1986年，他在南极长城站负责安装了气象资料的传输和接收通信系统，建立了气象观测场站，为其成为世界气象组织的天气气候基本站做出了突出贡献。1989—1991年，逯昌贵在极其艰苦的条件下，负责完成了我国第一个南极大陆气象台——中山站气象台地面气象观测系统和通信系统的建设任务；克服重重困难，成功安装了32米大气边界层观测塔和观测系统。他为获取考察资料和使该气象观测站成为世界气象组织的基本站所做出的努力，受到了考察队的肯定，荣立国家南极考察委员会三等功。长城站自1985年、中山站自1990年、北极黄河站自2004年以来的气象观测和大气成分及臭氧观测系统连续正常运行，资料完整并共享，体现了逯昌贵同志为极地气象观测仪器的维护和更新所做的贡献。

在国际极地年中国行动计划的推动下，逯昌贵同志赴南极中山站建设了我国在南极的第一个大气本底观测站,开始了温室气体、一氧化碳、黑碳气溶胶等大气化学成分的长期连续观测。从2010年开始,逯昌贵同志与国内公司合作开发无人自动气象站,并直接推动了超低温供电系统的试制,研发的极地低温(-60℃)和超低温(-100℃)自动气象站已安装在南极泰山站、罗斯海新站、格罗夫山、第5次和第6次北极考察的漂移站位。南极和北极自动气象站已获得了连续的气象资料,为分析研究极地天气和气候变化提供了重要基础信息。

逯昌贵同志连续参加我国第1—6次北极考察队,成绩显著。在北极考察中,他负责北冰洋冰站观测仪器的安装调试和使用,开展大气垂直廓线全球卫星定位系统探测及漂流自动气象站设备的安装,获取了大量的资料,为研究北极地区气候快速变化及其对全球气候的影响打下了重要基础。在历次北极考察中,逯昌贵为维护考察队员的安全和做好各观测系统的技术保障尽职尽责,受到考察队员的一致好评。

30年来,逯昌贵同志参加了国家"八五"至"十二五"期间的南极科技攻关及基础性项目、国家自然基金重点和面上科学基金等多个考察研究项目,获实用型专利一项,与他人合作发表学术论文20多篇,参加编写资料报告和专著7本,多次荣获荣誉称号和各种奖项。他在我国极地大气科学考察与研究工作中任劳任怨,工作勤勤恳恳,成绩显著,为极地考察做出了突出贡献。

赵萍同志先进事迹

赵萍，女，1968年出生，湖北十堰人。1989年8月参加工作，1994年9月加入中国共产党，北京师范大学教育管理专业毕业，在职研究生学历，管理学硕士学位。曾任国家海洋局人事司教育处主任科员、极地考察办公室计划处主任科员、计划财务装备处副处长、考察业务处（财务处）处长等职务，现任海洋出版社副社长。2010年被国家海洋局党组评为"岗位建功"先进个人。

赵萍同志于2000年12月至2001年12月参加中国第17次南极考察队，执行长城站越冬工作，担任站长助理、管理员，成为我国首批承担南极越冬任务的女队员之一，并顺利完成越冬任务，创造了历史；2015年8月，参加北极黄河站考察。因工作需要，她曾多次参与赴南北极考察代表团或工作团（组）的现场组织管理工作。

在17年的极地工作中，赵萍同志始终以共产党员的标准严格要求自己，以工作为导向，注重能力的提升与实践经验的总结，在极地发展规划与任务计划制订、考察管理规章制度体系建设、考察队组建与管理、极地重大基本能力建设项目申报与组织、极地日常事务管理等方面积累了较为丰富的工作经验，取得了显著的成绩。

在实际工作中，赵萍同志注重事业发展的计划性，为极地考察"十五""十一五""十二五"规划及不同考察队次的总体工作方案、实施计划的制订做了大量扎实的组织工作。在极地管理规章制度建设方面，她立足实际，大胆创新，积极协调，大幅度提高了极地考察人员的艰苦津贴、伙食补贴的标准，有利于壮大极地考察人才队伍。同时，她还创新性提出对后勤保障岗位的派遣人员实行补偿机制，并建立了考察队领导岗位考核评价制度，极大地提高了选派单位的积极性。她牵头逐步建立健全极地考察作业安全、考察队员体检、心理测评、考察物流等相关标准体系。

随着极地考察事业的快速发展，赵萍同志在极地考察重大基本能力建设项目，如长城站与中山站升级改造、昆仑站建站、泰山站建站、澳大利亚支援中心建立、北极黄河站建站、新建极地考察破冰船等重大项目的立项申报、可行性研究、初步设计、业务验收等不同阶段，同样做出了突出的贡献。

赵萍同志在艰苦的极地工作中自觉践行和发扬着"南极精神"，努力克服各种困难和挑战，在不断的开拓创新中体现着自身的价值。

卢成同志先进事迹

卢成，男，汉族，1982年9月出生，山东莱州人。2009年7月参加工作，2003年12月加入中国共产党，西安建筑科技大学建筑设计及理论专业毕业，硕士研究生学历，建筑学硕士学位，现任国家海洋局极地考察办公室考察业务处（财务处）主任科员。荣获2013—2014年度国土资源部直属机关"优秀共产党员"称号。

卢成同志于2010年11月至2012年4月参加了中国第27次南极考察中山站越冬工作，担任中山站站长助理、管理员；在越冬任务结束后，留站执行中国第28次南极考察度夏任务；2013年4月，赴北极黄河站执行春季考察任务；2014年10月至2015年4月，随中国第31次南极考察队赴极地现场执行度夏任务，担任党办（行政）秘书，其间受考察队指派，协助考察队副领队留守中山站工作。

卢成同志自参加工作以来，对工作充满热情，并随着不断地深入与熟悉，对极地考察工作有了全新的认识，产生了无限的自豪感和责任感。他能够认真履行所担负的岗位职责，按时保质完成工作任务，积极主动地推动工作向前开展，虚心向有经验的老同志请教，并主动帮助其他同志完成相关工作。参加极地工作之初，为了以最快的速度适应岗位的需求，顺利完成角色的转换，他向多位具有丰富南极经验的老同志请教，以丰富自己的极地知识和经验。

根据工作安排，卢成同志参与了多支极地考察队伍的组建，并协助或独自承担了2次格罗夫山队、1次越冬队、泰山站建站队及5次昆仑站队预选队员的选拔训练工作，为选拔合格的现场考察队员、保证其顺利完成所承担的现场考察工作付出了自己的努力。特别是昆仑站预选队员选拔工作，由于昆仑站工作环境具有海拔高、含氧量低的特性，国内选拔训练地点位于西藏地区，大部分训练在海拔4500米以上的地区进行，且运动量很大，极易出现急性高原反应症状，具有很大风险。他在5次选拔训练过程中，均能做到以身作则，带头完成所有要求的训练科目，同时在队员出现不适情况后，能够采取切实的措施，保障队员人身安全，保证训练安全、顺利完成，选拔出合格的现场执行人员。

在执行中国第27次南极考察队中山站越冬任务期间，卢成同志发挥主观能动性，积极调整工作方式，想方设法提高工作效率。越冬期间，他严格按照管理员责任要求，对库房进行定期巡视，对存在的安全隐患及时排除，对物资进行定期清理和整理，最大限度地减少越冬物资的人为损失。在第28次考察队到来之际，卢成主动承担了高负荷的海冰探路工作，除了要忍受紫外线的强烈照射，还得忍受冰面上刺骨的寒冷。在考察期间，他积极配合站长，扎实做好各项工作，成效显著。

2014年10月，卢成同志参加中国第31次南极科学考察队，再次赴南极一线工作。此时，他的孩子刚满半岁，但在得知工作需要后，他还是毅然踏上征程。作为考察队的党办（行政）秘书，卢成除了做好自身所担负的各项工作，对考察队及临时党委交办的其他工作也是尽心尽责。他始终坚持工作在异常艰苦的一线，以自己的实际行动带动着其他人员，以最快的速度安全、超额地完成任务。在"雪龙"船停靠澳大利亚霍巴特港时，他全程参与了接待习近平总书记视察"雪龙"船并慰问考察队员的活动，并承担了活动安保方案和人员站位方案的制订，全面负责"雪龙"船主展厅的布展工作，为活动的圆满顺利进行贡献了一份力量。

卢成同志作为一名共产党员，能够时刻以党员的标准严格要求自己，不管是在日常工作中还是在赴极地工作期间，始终能自觉发挥党员的先锋模范带头作用。党和国家领导人对极地和海洋工作者的极大关怀和关注，使卢成同志深受鼓舞，决心以极地、海洋工作者的身份继续前行，不辱属于极地人的荣誉与骄傲。

董利同志先进事迹

董利，男，汉族，1954年11月19日出生。1972年12月参加工作，1976年8月28日加入中国共产党，北京市委党校大学毕业，大专学历。曾任国家海洋局极地考察办公室考察业务处（财务处）调研员，现已退休。1985年5月由国家南极考察委员会授予首次南极考察个人三等功1次，集体一等功1次。

董利同志在1984年11月20日至1985年4月10日期间，作为首次南极考察队队员，参加了中国南极科学考察站——长城站的建设工作。作为机械师，他在保障能力有限、环境极端恶劣的条件下，用自己顽强的意志、不屈的精神和辛勤的汗水，为长城站的建立做出了卓越的贡献。

董利同志此后又多次参加了我国南北极现场科学考察活动，承担大量艰苦繁重的后勤保障和组织管理工作。在中国第3次、第5次南极科学考察中，他承担了重要的后勤保障任务；在中国第6次、第11次、第18次、第21次、第22次南极科学考察和第1次、第2次北冰洋科学考察中，他曾分别担任过后勤班长、保障组长、越冬副站长、越冬站长、长期冰站负责人等重要的行政管理职务。董利充分发挥自身模范作用，带领周围的考察队员，紧密团结在党支部周围，团结拼搏，步调一致，在冰上卸货、宝钢楼建设、垃圾清运、发电机组和供水系统安装调试及北极联合冰站建设等后勤保障、人员日常生活管理方面，都能出色地完成各项任务，取得良好的效果。在中国北极黄河站科学考察活动中，他曾多次担任黄河站代理站长，负责大量现场考察的组织协调和后勤保障工作，完善考察站各项规章制度，并认真履行国际公约，做好对外交流工作，带领队员们圆满完成了各项考察任务。

董利同志作为已经退休的老同志代表，全程见证了我国极地考察的发展历程。从参加首次南极考察开始，他就将自己的职业生涯全部奉献给了所热爱的极地考察事业。除了长期在办公室的工作岗位上兢兢业业地从事考察组织、计划和管理，董利还前后3次在长城站和中山站越冬、6次在南极现场度夏、2次参加北冰洋考察，并在不同岗位担任站长、助理等考察队领导职务，表现出出众的组织管理和协调能力。他无论在国内还是在极地现场，始终能做到顾全大局，任劳任怨，身先士卒，真抓实干。作为极地事业资深传承者，董利更是在长期从事的考察人员行前冬季训练和技能培训中，以对极地考察事业高度负责的责任感和使命感，对后来者给予引领和关怀，赢得了广大同事和考察队员的尊敬和爱戴。

朱德修同志先进事迹

朱德修，男，汉族，1937年5月出生，山东寿光人。1957年参加工作，中共党员，曾任第一海洋调查大队副大队长、大队长，"极地"船政委，中国海监第一大队船舶政委等职务，现已退休。1989年荣立南极考察个人二等功。

1986年10月31日，朱德修同志作为"极地"船第一位政委，随船踏上了南极科学考察的征程，并先后随"极地"船参加了我国第3次、第4次和第6次南极科学考察。如果说船长是负责"硬管理"，那么政委就是负责"软管理"，引领着船舶的精神文明。在"极地"船上，正是依托这种"软管理"，朱德修同志为我国南极科考事业建立了卓越功勋。

1986年10月31日，"极地"船首航南极，面临空前的挑战。在经过南纬40—60度之间的西风带时，气旋一个接一个。如果船舶只是左右摇摆，人会凭着本能比较容易找到平衡点并适应这种摇摆。但是气旋带来的不只是滔天巨浪，还夹杂着暗涌，不断侵袭着"极地"船。船舶摇晃造成人的身体重心时上时下，使科考队员严重晕船。在这种恶劣的自然条件下，船员们远离祖国大陆和亲人，身心疲惫。作为"极地"船的政委，朱德修深知自己责任重大。他一边克服晕船的不适感，一边坚守在工作岗位上。不管是驾驶台、机舱集控室还是厨房，都能看到朱政委的身影，他时刻鼓励着身边的同志，鼓舞大家的士气。朱德修同志以这种兢兢业业的工作精神振奋士气，有力地保证了船舶在狂风恶浪中的航行安全。船长患有慢性胆囊炎，饮食稍有不慎就有复发的可能。朱德修政委听说吃面条可以养胃，为此经常亲自下厨房，为船长做面条吃。他还细心地在面条里面放上海米，保证营养均衡，做好以后又亲自送到船长的房间。这种浓浓的战友情谊深深地感染了他身边的每位同志，加深了全船同志的凝聚力。

1987年3月16日，"极地"船全体人员在南极的恶劣气候中经过77天的日夜艰苦奋战，完成了南大洋考察及扩建长城站的预定任务。5月17日，完成中国第3次南极考察和首航环球考察的"极地"船，返抵青岛。国家海洋局当即决定：给胜利完成首航南极运输、扩建完善长城站和首次环球科学考察任务的"极地"船记集体大功1次。此次任务中，朱德修政委发挥了模范带头作用，加强了集体凝聚力，在自己平凡的岗位上做出了不平凡的事。

1988年11月20日，"极地"船执行第5次南极考察任务。在东南极建设中山站的过程中，"极地"船遭遇了前所未有的冰崩，船舶随时都有可能被崩落的冰块吞噬。本是1天就能到的距离，他们却航行了20多天，终于将设备、物资全部安全运达目的地。考虑到驾驶员白天驾驶运输艇运输物资，晚上还要值漂泊班，非常辛苦，航海长出身的朱德修政委身先士卒，自愿放弃休息时间，代替驾驶员值瞭望班。值班期间，他多次发现险情，为船长提出合理化建议，化解了险情，保证了船舶的安全。驾驶员白天运输物资回船无暇休息，喝一口凉水就开始下一个航程。朱德修政委了解这一情况后，提前把水烧开，并放到每个人的房间，保证每位船员回船都能喝上热水。朱德修政委对大家的关心和体贴，极大地鼓舞了士气，同时也赢得了大家的尊敬和爱戴。1989年4月10日，"极地"船圆满完成第5次南极考察任务和南极中山站建站任务，胜利归来。

1989年10月30日，"极地"船执行中国第6次南极考察"一船两站"任务，朱德修同志第3次担任"极地"船政委。因任务紧急，他的上一个航次刚结束半年时间，又要远离亲人，踏上征程。

朱德修同志任"极地"船政委以来，三赴南极大陆，努力践行着"南极精神"。在执行极地考察任务中，他作为船上领导直接参与组织管理，立足岗位，积极配合船长做好船舶管理工作，发挥旗帜作用。他舍小家顾大家，带动大家团结一致，攻坚克难，为保证考察任务的顺利完成发挥了至关重要的作用。朱德修带领全体船员同志铸就了祖国最朴素、最可贵的"南极精神"，并传承至今。

王者富同志先进事迹

王者富，男，汉族，1936年10月出生，山东淄博人。1956年入伍，中共党员，历任第一海洋调查大队"水星"船政委、中队政委、大队政治处主任、"向阳红09"船政委和"极地"船政委等职务，现已退休。1991年荣获国家海洋局"优秀党员领导干部"荣誉称号。

自1991年10月至1993年4月，王者富同志作为"极地"船政委参加了中国第8次、第9次南极科学考察任务。在南极科考期间，他认真贯彻上级党委要求，团结党委成员抓好支部建设，为南极考察任务的顺利完成做出了巨大贡献。

作为船政委，王者富同志一心扑在工作岗位上，带领党员干部充分发挥模范带头作用。他深知自己的一言一行都会影响到身边同志的工作态度，严格要求自己，对工作高标准、严要求，精益求精。王者富深知船舶出海执行任务，离不开支部班子的团结，离不开全船人员的配合。他认真履行政委职责，充分组织协调支部班子成员的工作，谦虚谨慎、勤恳好学，时刻充满干好工作的激情和活力；注重自我修养，始终不骄不躁，保持一颗平常心和进取心。工作之余，王者富关心船上每名船员的思想、生活情况。哪个船员或是船员的亲属生病，他都会亲自去探望或协调有关部门尽力帮助解决困难。得知有的船员家庭生活困难，他就发起募捐活动，为船员送去温暖。船上的伙房人手不够，他就经常去帮厨，用"老黄牛精神"凝聚起船员们的力量，为祖国的南极科学考察事业做出了贡献。

王者富做好船员政治思想工作的同时，协助船长做好船舶安全工作。南极科考海况恶劣，环境危险，要经过著名的风浪区西风带，有时还会遇到冰崩。每次出发前，王者富政委都要召集全船人员做好航前安全教育，要求大家严格遵守安全规定，听从指挥，坚守岗位，保证安全。他还经常下到机舱，看望值班人员，了解船舶及船员的状况，以便出现突发情况时能够及时应对。他还对船员加强外事宣传教育，做好停靠外港期间的思想教育，要求大家外出游览、购物注意文明礼仪，不购买、不携带违禁物品。在其任职期间，船员无一人违犯外事纪律。

1992年12月15日，"极地"船要从智利运送一台大型挖掘机到南极半岛奥希金观察站。当时由王者富政委带队，用驳船将挖掘机运送至母船。由于海上大雾弥漫，能见度不足50米，加上周围遍布冰山、小岛屿，母船在雷达上也无法分辨驳船的位置。而驳船上没有雷达，只能靠肉眼观察，王者富同志亲自站在船头负责瞭望指挥。由于海况复杂，驳船在航道中迷航，几经周折，找不到母船的位置。王者富并没有惊慌失措，通过与母船联络，约定以汽笛声为号。王者富凭着丰富的经验，最终听循着汽笛声带领驳船找到母船，航行2海里的距离，历经近2个小时安全返回。

1993年2月2日，"极地"船在中山站卸载物资时，由于湾内浮冰突然堵塞航道，2号艇在浮冰中被困29个小时，舵机又出现故障，无法登陆又不能回到母船，艇上人员缺乏补给，还面临严寒的考验。随着时间的流逝，艇上人员的处境愈加危险。"极地"船上的工作人员紧急召开了临时会议，王者富政委主动请缨，最终确定由他和船长一起乘直升机到岸边。他们又从岸边沿着浮冰慢慢靠近2号艇并组织救援。物资被及时送到了受困的小艇上，受伤的船员也被送至中山站进行救治。

1993年3月5日早上，"极地"船途经西风带，连续遭遇2个气旋，风力达11级。颠簸中，正在吃早餐的轮机员刘鸿江被甩到地上，还没等他反应过来，一台重达150千克的烤箱在船体的大幅度摇晃中脱落，快速向他滑过来。王者富发现后马上冲过去扶起刘鸿江，带其迅速离开危险区域，这时烤箱已经砸到他之前摔倒的地方。由于王者富处理及时，避免了一场意外伤害事件的发生。

在王者富政委的带领下，"极地"船党委获得中央国家机关工作委员会授予的"先进基层党组织"称号，王者富也获得"国家海洋局优秀党员领导干部"荣誉称号。在以王者富为政委的"极地"船党委的带领下，全体船员不畏艰难，艰苦奋斗，勇于挑战极限，始终保持着高昂的斗志和连续作战的精神；大家协同作战、无私奉献，只为一个共同的心愿：圆满完成任务，不负祖国重托，为祖国的南极科考任务做出重要贡献。

刘广东同志先进事迹

刘广东，男，汉族，1960年6月出生，北京人。1979年入伍，中共党员，现任中国海警1021船大副。1989年被国家南极考察委员会授予首次南极考察个人三等功。

1986年10月31日，"极地"号科学考察船离开码头，准备开展中国第3次南极科学考察，这也是"极地"号首次参与南极考察。刘广东作为"极地"船的一名船员，随船踏上了南极科学考察的征程，并先后参加了第1次、第3次、第6次和第8次南极科学考察，成为首次东南极中山站越冬队的越冬队员。

自参军以来，刘广东就以"查清中国海，进军三大洋，登上南极洲"为人生目标。自他踏上南极考察征程的第一天起，就立志把青春献给祖国神圣的南极事业。当时他在船上担任报务员的工作，去南极是首次远航，而远航就意味着收发电报不单是与国内通信联系，还要与国际的相关海岸电台联系，这对于没有走出过国门的报务员来说是一个不小的挑战。在远航之前，刘广东不但要熟练掌握国内国际的通信知识，学习相关的通信英语，并且还要熟练地操作较先进的船载通信设备。为了抓紧一切时间学习，在"极地"船首航南极的征程中更好地完成对外通信联络，船在码头停靠一周，刘广东都没有下船，直到熟练掌握有关技能。

年轻的刘广东既对南极充满了美好遐想，又对它的神秘莫测有一些担忧。"极地"船经过著名的西风带，这是进入南极必经的一道"鬼门关"，要在涌浪高达10米以上的区域航行长达40多个小时；在去西南极长城站和执行环球任务途中，船舶经过非洲的好望角，受到前后气旋的夹击，船身摇晃得非常厉害，左右倾斜20度的情况司空见惯，船员们必须克服晕船的不适感坚守自己的岗位。作为报务员，刘广东更要时刻注意着航行的动向，以便在出现问题时随时与总部联络。在建设中山站的过程中，"极地"船遇到了冰崩险情，船毁人亡只在一瞬间。船党委召集全体船员，宣布"船在船员在"，让考察队员先转移到安全地带，船员坚守岗位。大家只有一个想法，就是确保"极地"船的安全。面对一次次险情，刘广东更加坚定自己的信念：要想征服南极就要不畏艰险，团结一致，不怕牺牲。

1988年10月，在前往南极建设中山站的前一个星期，刘广东接到通知，让他到达南极后留在中山站越冬。临近起航才接到通知，刘广东的心情非常复杂，因为当时他的女儿出生只有8个多月，正是牙牙学语的时候；如果在南极越冬，那就意味着要在南极中山站持续工作一年，要一年半以后才能回到青岛，才能见到女儿。对妻女的思念以及家人的不理解，让他感到非常难过，也非常愧疚。但是为了祖国的南极科考事业，刘广东说服了妻子，毅然踏上了南极考察的征程。他于1988年10月离开青岛，直到1990年5月才回来。

因投身于南极科考事业，刘广东对自己的家庭照顾很少。首次执行南极环球任务的时候，他正准备举行结婚仪式，但由于接到去南极的任务，时间紧、任务重，就推迟了婚期。在几次南极考察任务前后，他从一个单身青年到组建家庭，并且做了爸爸。在南极中山站越冬时候，刘广东离开了只有8个月大的女儿，回来的时候女儿已经两岁多了，只知道对着照片喊"爸爸"，却根本不认他本人。到了晚上，女儿问妈妈："这叔叔怎么还不走呀？"当时他的眼泪就掉下来了。在执行南极任务期间，刘广东的妻子一直默默支持他，从照顾老人到孩子生病住院，家庭的重任都落在了她一个人的肩膀上；在她的心里，丈夫是在从事着一项伟大的事业，是无上的光荣。有泪流在心里，她也在用实际行动支持着南极科考事业。

南极考察已经走过了30年的历程，在这30年中，刘广东作为中国南极考察队员，无畏艰险，无私奉献，努力践行"爱国、求实、创新、拼搏"的"南极精神"，不负祖国的重托，用自己的青春和汗水谱写着南极事业的画卷。

开长虎同志先进事迹

———— ✦ ————

开长虎，男，汉族，1950年出生。1968年入伍，1969年入党。曾任"向阳红10"号远洋科学考察船（以下简称"向10"船）轮机部副机电长、党支部书记，上海海洋考察船大队大队长、中国海监第五支队政委、党委书记，东海分局纪检办公室正处级纪检员。2010年退休。目前担任中国极地研究中心破冰船建造工程部顾问。

中国首次南极科学考察期间，开长虎在"向10"船担任轮机部门副机电长、党支部书记；中国第6次南极考察期间，任中国长城站越冬队动力班班长、党支部委员；中国第15次南极考察期间，任中国第15次南极考察队副领队、临时党委委员。

（一）首次远征南极　精心呵护"向10"船"心脏"

由"向10"船和J121打捞救生船组成的我国首个南极考察编队，于1984年11月20日从上海启程，历时142天，横跨太平洋，穿越南北半球，航行26 000余海里，圆满完成我国首次南大洋和南极洲科学考察，建立了我国首个南极科学考察基地——中国南极长城站。

"向10"船虽是我国当时最先进的万吨级远洋科考船，但既无破冰能力，也无高寒极区的航行经验。首航远征南极，困难难以想象。

为保证船舶顺利出发，1984年6—10月，"向10"船进厂维修改造。厂修期间，机电长恰在外学习，修理工作由开长虎同志一人承担。他每天坚守在船，顶着炎热酷暑，不怕苦、不怕累、积极肯干，与厂方工程技术人员协同配合，带领机电部门同志圆满完成了船舶维修改造任务，确保出厂试航期间船舶动力机械设备的正常运行。

远征南极航渡期间，"向10"船航行至赤道附近时，两台主机的高压油泵柱塞件突发卡滞，开始是6个高压油泵出现故障，后来发展到两台主机的全部18个高压油泵台均发生故障。船舶主机如同人的心脏，高压油泵好比心脏心血管，心血管阻塞就会导致心肌梗死，因此船舶"心脏"停止跳动，后果不堪设想。赤道天气炎热，机舱温度高达40℃，热浪滚滚、油气呛人。开长虎前几天脚被砸伤，他忍痛足足站了20多个小时抢修，组织轮机部门同志连续奋战一天一夜，完成了平时需十多天才能完成的工作量。抢修的同志身上只有一条短裤，满手满身都是油污。不知道大家流了多少汗，只知道送来的一桶桶饮料被全部喝光。有人晕倒后被抬出去，马上有其他同事来补位。到最后，开长虎的嗅觉已经失灵，身心俱疲。这次创造的抢修奇迹，让大家真实感受到什么叫"南极精神"。

1985年1月26日，"向10"船航行到南极圈附近（西经69°38′，南纬64°56′）开展南大洋考察时，遭遇强烈极地风暴，平均风力12级，最大风速每秒34米，浪高11～12米。高山似的涌浪一排接一排扑来，船身发出"哐当、哐当"的巨响。船体最大摇晃30度，时而被举上浪峰，时而被抛入波谷，螺旋桨升出水面的险情令人揪心。遭风暴遇险情，开长虎同志深知此时确保船舶动力对于船舶和人员安全的重要性，深知螺旋桨出水打空会对主机产生严重威胁，若稍有闪失，后果不堪设想。他沉着冷静，组织轮机部门人员全部到机舱就位，发电机"双备份再备一"；主机缸头处的消防人员和机舱底部的损管人员也都就位，并确保驾驶台每道车钟指令准确执行，确保发电机正常工作，全船电力供应不断，使所有机器设备正常运转。开长虎亲自操纵主机，指挥机电部门全体人员坚守岗位、顽强拼搏，战胜了风暴。

建站期间，开长虎同志负责飞行甲板的物资调运指挥，承担将"向10"船装载水泥、黄沙、油料及主副食品等物资，用直升机运到建站工地的起吊和卸钩任务，同时还负责消防救生工作。这是我国首次在南极租用智利直升机调运物资，外国飞行员说的是西班牙语。虽然开长虎与机组人员无法进行语言交流，但他在一周20余架次的飞行吊运中，与机组人员配合默契，做到物资无损坏，人员无伤害。

由于开长虎同志的突出表现，他与其他9位同志被中国南极考察委员会记一等功。

（二）长城站度夏越冬　一丝不苟维护电力系统

1989年10月至1991年1月，开长虎同志任我国第6次南极科学考察长城站度夏越冬队动力班班长，负责长城站度夏越冬期间的电力系统保障。

开长虎同志在这14个月里，工作认真负责，一丝不苟地做好电力系统的日常维护工作。由于之前长城站的柴油发电设备故障频发，造成科考仪器无法连续观测数据，就是迅速切换另一台柴油发电机供电，也需停电数秒。为解决切换期间的断电问题，开长虎带领两名同志认真研究长城站供电系统技术图纸，凭借自身的专业知识和积累的机电经验，连续埋头苦干一周，终于完成长城站供电系统改造，保证了长城站科考设备的正常运行和科考数据采集的连续性。

另外，开长虎同志还完成了长城站首台废水处理装置和首台垃圾焚烧炉的安装调试。为改善长城站生活环境，他还与同事一起铺设了1千米多长的下水道管道装置，提升了长城站废水排污处理能力。

（三）年近50再次远征南极　保驾护航"雪龙"船"心脏"

1998年11月至1999年4月，年近50岁的开长虎再次踏上远征南极之路，担任中国第15次南极科学考察队副领队、临时党委委员，分管"雪龙"船"心脏"——轮机部门的工作，并负责"雪龙"船冰上卸货的组织实施。

为确保中山站物资油料和冰盖队科考车辆安全从"雪龙"船运送到中山站，开长虎同志亲自调查冰情，掌握冰面第一手资料，为确保冰盖队按时出发奠定稳固基础。

"雪龙"船南大洋科考期间，他与轮机部门同志一起，认真做好动力设备的维护工作，及时排除机电设备故障，确保主机、发电机等全船机电设备正常运行。从中山站返回澳大利亚塔斯马尼亚州霍巴特港途中，"雪龙"船遭遇西风带气旋，几天几夜连续航行，却仅挪动不到3海里。面对滔天波浪，开长虎同志与轮机长、电机员干脆把被褥搬到机舱，吃住在机舱，坚守在机舱，随时应对机电设备各种突发性故障。在他与轮机部门同志两天两夜的顽强拼搏下，全船机电设备运转正常。"雪龙"船终于脱离险情，突出暴风区回归正常航线。

对于43年工作生涯中的这段难忘经历，开长虎同志这样说："有机会亲身体验远征南极的惊险，感受南极越冬越夏的艰辛，见证中国极地事业的发展，我感到光荣与自豪。中国极地人不畏艰险、顽强拼搏的精神，团结友爱、互帮互助的温馨友情，都被我视若珍宝。因为，这当中有我人生中最精彩的篇章。如今，退休后有幸受邀担任中国极地研究中心破冰船建造工程部顾问，继续为我国极地科学考察事业贡献一己之力，我感到充实而高兴。"

罗永春同志先进事迹

罗永春，男，汉族，1950年10月出生。1968年入伍，中共党员，历任海军东海舰队934舰航海兵、936舰航海长，东海分局"向阳红16"号船航海长、"向阳红10"号远洋科学考察船（以下简称"向10"船）二副，中国海监53船大副、船长等职务，现已退休。1985年被国家南极考察委员会授予个人二等功。

1984年，国家决定组织一支南极科学考察队远赴南极，执行我国首次南大洋、南极洲调查和首个南极科考基地——长城站的建站任务。"向10"船与J121打捞救生船被选定承担这项开创我国极地事业先河的首航使命。作为"向10"船航海长的罗永春得知这一消息后，内心涌起一股自豪激动之情，"这是国家和人民对我们的信任和考验，人生短暂，此时不拼何时搏！"罗永春暗自下定决心，要经受住考验，为祖国争光。因为他深知，在一无任何航海资料，二无任何极区航行经验的情况下，没有破冰能力的"向10"船远征南极，将有许多困难等待他们去克服，有许多险阻等待他们去攻克。

（一）潜心钻研　绘制我国第一条南极航行线

作为一名专业航海人员，虽然几十年海上摸爬滚打积累的航行工作经验，让罗永春对几乎所有进出中国港口的航道、锚地及水文、气象等航海情况了然于胸，但南极对他而言却是一片空白。当时，我国没有什么可供参考的南极气象、水文、锚地、海区等方面的资料，南极的海图资料也不齐全，且基本是以前国外绘制的老海图。为了准确无误地制订首航南极航行计划，他绞尽脑汁，多方搜集，尽可能掌握更多航海资料。罗永春拿着搜集到的几百张各种比例尺的海图，把自己关在东海分局招待所的一间房内三天三夜，终于制订出我国南极"处女航"航行计划，完成从上海斜穿太平洋至南美合恩角，再经阿根廷乌斯怀亚去南极的这条1万多千米航线的绘制。备航期间，他与航海部门的同志抓紧时间学习远航南极所需的航海知识，组织大家对船舶操纵系统、观测通信雷达、测深仪、电罗经等导航仪器设备进行全面检查调试，确保所有航海设备均处于适航状态。

1984年11月20日，"向10"船载着280名科考队员、记者和船员，从东海分局上海码头顺利起航。经过近30天的不间断航行，"向10"船斜穿太平洋，途经南半球台风生成区的土葛拉群岛，经过咆哮的西风带，绕过南美顶端的合恩角，于12月19日晨抵达阿根廷最南端的乌斯怀亚港。经4天短暂靠泊休整和补给后，"向10"船继续南下，穿过全球著名风暴区之一的德雷克海峡，开足马力向南极进发。12月26日，经过1万多千米的长途跋涉，"向10"船终于抵达南极洲南设得兰群岛的乔治岛民防湾锚地。

（二）无畏艰险　承担运送物资重任

到南极后，上级要求尽快建立长城站，这就急需将几百吨物资运输上陆。由于初到南极，一行人对附近的航道环境相当陌生，又没有现成的资料供参考。面对困难重重的局面，罗永春发挥一不苦、二不怕死的精神，带领数名水手，开着小艇在礁石丛生的陌生水道慢慢前行，边走边用水托测量水深，然后在测过的地方逐一布上简易的助航标志。经过反复多次的航行测量，基本摸清了航道情况，总算开辟出一条5千米左右的简易航道。有了这一航道，两条登陆艇开始不分昼夜地转运物资。

罗永春和同伴们一方面要负责物资的接收和舱内配置，另一方面要协助卸载物资，卸毕又要马上转入航行工作。由于时间紧张，任务繁重，他们经常赶不回大船，饿着肚子坚持；有时天气不好，卸完货后小艇无法返航，他们晚上只能留在岸上的帐篷里，躺在满是鹅卵石的地上将就睡觉。虽然条件艰苦，天气严寒，吃不好、睡不香，但看到长城站越建越像样，罗永春心中有说不出的喜悦，觉得自己无论付出多少都是值得的。

极地气候变化无常。有一次，当罗永春卸完货后返回大船时，突起大雾，能见度几乎为零。此时，小艇上没有任何导航设备。大家都明白，这在大雾中是十分危险的，加上此地海况复杂，随时都有可能发生触礁；小艇在极慢航速行驶中，还有可能被洋流带出海湾，进入茫茫大洋。在这样危急的情况下，罗永春只得跑到驾驶室外，边四处观望边操艇。由于湾口附近涌浪丛生，一个大浪袭来，来回晃动的舷窗正好撞在罗永春的耳朵上，撞得他两眼直冒金星。但为了保证人员和小艇的安全，他定了定神，忍着剧痛，仍然全神贯注地操艇。这时，左舷方向吹来的一股企鹅粪便的腥味提醒了罗永春，他果断判断出企鹅岛就在左边，于是马上大角度左转，转向企鹅岛前进。由于方向确定了，小艇终于安全返回基地。

经过两个月的不懈努力，全部物资安全上陆，长城站也成功建成。落成典礼那天，罗永春看到五星红旗在长城站上空迎风飘扬时，难掩内心的激动和自豪："中华人民共和国在南极终于有了自己的考察基地！"当落成典礼的鞭炮声、欢呼声交替响起时，当人们沉浸在喜悦之中时，罗永春猛然想起小艇因固定不牢，可能会被风吹走。他立即跑回系泊处，发现小艇缆绳果然脱离木桩，小艇向外漂了5米左右。这时他顾不上南极的严寒，迅速跳入冰冷刺骨的海水中抓住缆绳，把小艇慢慢拖回岸边。

由于在南极首航中的出色表现，罗永春荣立个人二等功。他总说人生能有几回搏，能为国家出力，为人民的事业增光添彩，是他毕生的荣耀和骄傲。

杜衡同志先进事迹

杜衡，男，汉族，1958年5月出生。1978年入伍，中共党员，历任东海分局"向阳红10"号船（以下简称"向10"船）水手，中国海监52船水手，中国海警2151船水手长，中国海监第五支队"向阳红28"号船事务主任兼水手长等职务。1985年被国家南极考察委员会授予个人三等功。

1983年9月，中国首次以观察员身份出席第12次《南极条约》协商国会议，可当会议进入实质性协商或表决议程，会议主席就会拿起小木槌一敲："请非协商国代表离开会场，到会议厅外喝咖啡！"面对"落后无权"的尴尬场面，中国代表团团长当即立下铮铮誓言："中国不在南极建成考察站，绝不再参加这样的会议。"1984年10月15日，邓小平挥笔题词："为人类和平利用南极做贡献"。中国，吹响了"向南极进军"的号角。

杜衡，作为"向10"船甲板部门的一名普通船员，虽然不知道国家在经济社会发展千头万绪的改革开放初期，为什么要举全国之力远赴南极建站，也不知道这背后"喝咖啡"的故事，但他知道这件事肯定非同寻常，肯定是一项具有开拓性而又充满风险的挑战。作为一名普通船员，他暗下决心，自己虽然干不了什么惊天动地的大事，但一定要尽己所能，熟练掌握岗位工作技能，兢兢业业做好本职工作，为"向10"船首航南极，完成南大洋、南极洲和长城站建站任务做出自己的一份贡献！

（一）不顾病痛　全心投入航前准备

1984年盛夏，"向10"船全员投入到紧张的备航准备工作之中。甲板部门的杜衡，主要从事船舶油漆保养工作。一个炎热的下午，杜衡正在船甲板涂油漆，突然感觉腹部疼痛难忍。船领导发现他脸色苍白，立即派船医将他送到海军411医院就诊，检查结果是输尿管结石，需要住院治疗。但杜衡一想到自己没干完的工作，毅然拒绝住院，只让医生进行简单的打针治疗。疼痛缓解后，他立刻回到岗位，直至全船维护保养工作结束。

"向10"船运载的300多吨建站物资，需要靠"向10"船带去的两艘小型登陆艇和直升机运到建站工地。冰天雪地的南极海域，海况复杂多变、水下冰川多，对登陆艇操作员无疑是一个巨大的挑战。由于杜衡工作出色、业务能力强，他与甲板部门其他三位同志被选派担任登陆艇操作员，接受航前高强度训练。那段时间，杜衡每天在黄浦江上的训练时间都在10个小时以上，皮肤被晒得通红，两臂训练得酸痛，可他说："再苦再累都是小事情，只有经过刻苦训练，熟练掌握操艇技能，学会小艇运输要领，才能确保在南极恶劣的天气海况条件下，操艇接送人员、装卸运输物资时做到万无一失。"

（二）尽心竭力　完成各项工作重任

1984年11月20日，中国首次南极考察编队从上海黄浦江起航，"向10"船带着中国几代科学家的希望，肩负着全国各族人民的重托，徐徐离开码头，一路向南。远征南极，上万里航程，狂风巨浪时常来袭。严重的颠簸让航海经验丰富的船员都直呼吃不消，常常严重晕船，吃不下饭。杜衡也时感身体不适，脑门发胀，胃部翻江倒海。但他谨记操舵工的职责，哪怕排山倒海般的巨浪扑来，哪怕船忽而被浪峰高高抬起，忽而被推到谷底，他都咬紧牙关坚守在操舵岗位上，把舵操好操稳，保持航线精准，并精确、快速地执行船长下达的每个口令，确保船舶安全航行。

12月25日，"向10"船驶入南极圈，这是我国考察船首次进入南极地区。"向10"船抵达南极，第一要务就是抢时间把建站物资送到建站工地。是否能把人员和建站物资安全运到建站地点，不损坏、不掉到海里，往返效率还尽可能发挥到最大？杜衡在心里一遍遍盘算着。在连续17天抢运物资的那段时间，杜衡等4名操艇人员驾驶"长城1号""长城2号"两条登陆艇，

24小时不间断地往返于"向10"船和建站工地，接送人员、运输物资。每次小艇装好物资，他都会仔细检查，看看物资是否摆放妥当；卸货时，他时常提醒大家均匀卸货，防止小艇重心偏移侧翻。有一次装货时，突然来了个巨浪，小艇与"向10"船连接的缆绳瞬间被拉断，拳头粗的缆绳"嗖"的一声打在杜衡的小腿上，一大块皮肉顿时红肿发紫，渗出血丝。船医给杜衡包扎后建议他休息，但他心里想着物资装运时间紧，不能延误，依旧拖着伤腿继续工作，与大家一起齐心协力、顽强拼搏，终于顺利完成建站物资的装卸、运输任务，创造了中国"南极速度"。

在南极这块神秘土地上，南大洋科学考察也同样充满风险。"向10"船首次进行南大洋调查时，有一次天气突变，几十平方千米的大气旋把"向10"船团团围住，船舶遭遇到前所未有的险情。这时，刚交班回房休息的杜衡听见船上广播呼叫："杜衡、杜衡，迅速到驾驶台来！"他立刻顺着倾斜的船甲板直奔驾驶台。船长下令由杜衡继续操舵，要求他以最好的状态和技术把舵操稳，并告诉他，在船脱离险境前，绝不能离开操舵岗位。在与极地气旋的顽强抗争中，杜衡连续操舵9个多小时，最终在船舶脱离险境后才得以休息。

无论在"向10"船首航南极备航期间，还是不畏艰险、历经千辛万苦挺进南极的140多个日日夜夜，杜衡总是毫不犹豫地把国家利益放在至高无上的位置；支撑他一言一行的，是报效国家的坚定信念，是对海洋事业的不灭热忱。

30年过去了，即将退休的杜衡回忆起当年中国考察队第一次在南极留下足迹，看到五星红旗第一次在南极上空高高飘扬，中华民族第一次在南极有了立足点，591位中华儿女用青春与热血，在冰天雪地顽强拼搏的一个个场景时，他依然充满成功的喜悦！因为这一切，也有他挥洒的汗水和付出的心血！

姜晓宏同志先进事迹

姜晓宏，男，汉族，1958年出生。1976年入伍，1987年入党，本科文化程度。曾任"向阳红10"号船（以下简称"向10"船）和"雪龙"号科考船电机员，中国海监第五支队执法队副队长，上海市海洋局直属执法队副队长，现任中国海监东海维权执法支队党支部专职书记。

姜晓宏同志先后5次参加中国南极考察，并且非常有幸随我国三代极地考察船——"向阳红10"号、"极地"号和"雪龙"号首航南极。中国首次南极科学考察时，他任"向10"船轮机部电工，被国家南极考察委员会授予三等功；随中国"极地"号科考船参加中国第3次南极考察，任中国长城站越冬队考察员；中国第11次、第12次、第13次南极科学考察时，均为"雪龙"号船员。

（一）"向10"船首航南极　日夜抢运建站物资保护调查设备

1984年11月20日，由"向10"船和J121打捞救生船组成的我国首个南极考察编队从上海启程，历时142天，横跨太平洋，穿越南北半球，航行26 000余海里，圆满完成我国首次南大洋和南极洲科学考察，建立了我国首个南极科学考察基地——中国南极长城站。

作为"向10"船电机员的姜晓宏，在整个首航南极任务期间，除尽心尽职完成电工岗位的工作外，还接受了运送长城站建站物资的任务。经过近一个月劈波斩浪的航行，"向10"船到达南极。将所装载的300多吨建站物资，用随船带去的两条登陆艇和租用的直升机抢运到长城站建站工地，成为当务之急。姜晓宏与承担建站物资抢运任务的"向10"船同事，开始了不分昼夜的工作。他以一不怕苦、二不怕死的精神，冲在第一线、干在最实处，有时来不及赶回大船，他就在小艇上忍受着严寒和饥饿坚持工作。南极天气、海况恶劣且复杂多变，为了抓紧时间抢运物资，有一次姜晓宏甚至三天三夜没合眼，支撑他顽强拼搏的信念就是：一定要完成任务。就这样，经过17天日夜抢运，全部物资被及时、安全地送到建站工地。长城站建成那一天，看到五星红旗高高飘扬在乔治岛上空时，姜晓宏难掩心中喜悦，此刻，他觉得一切付出都值得。

1985年1月19日，圆满完成建站物资抢运任务的"向10"船起锚继续南下，向着南极圈和南极半岛西侧的南大洋挺进，开始执行南大洋科学考察任务。可谁知，"向10"船驶入南极圈后就被卷入可怕的极地气旋中。12级以上的气旋飓风像一堵无形的围墙，死死围住航船；一座座山似的涌浪向船体扑来，足有20米高，"向10"船面临被掀翻的危险。堆放在甲板上的调查仪器设备、样品标本等，被接连涌上甲板的激流冲得七零八落。姜晓宏见状，与考察队员一起，奋不顾身抢救、保护调查仪器设备和样品标本，把被冲散的物品一一归位，并用绳子重新固定在甲板上。

与气旋风浪持续搏斗20多个小时后，"向10"船终于冲出极地强气旋，但甲板上的电气设备已全部被海水损坏。姜晓宏不顾疲惫，投入到电气设备的抢修中，与同事们将所有被海水侵蚀的电气设备一一拆卸下来，用蒸馏水逐一清洗，随后修复受损设备。

由于在南极首航中的出色表现，1985年4月，姜晓宏荣立个人三等功。每每回忆起这段经历，他总说，能为南极首次考察成功贡献自己的绵薄之力，是其毕生的荣耀。

（二）随"极地"号首航南极　长城站越冬克难题建成新电站

1986年2月，姜晓宏随中国"极地"号科考船首航，参加中国第3次南极科考，并越冬长城站，主要承担长城站新电站的建设任务。他的第2次南极远征，历时13个月。

由于电站设计原因及事前协调不周的关系，新电站建设一开始便遇到诸多问题而不得不停下来。建不成新电站，意味着无法越冬，全组人员一筹莫展，心急如焚。此时，姜晓宏主动请缨，凭借他所学的专业知识和积累的电工经验，与大家想方设法，成功解决了两个发电机组无法并网的问题。这个问题解决了，可又遇上缺少蓄电池的问题。怎么办？姜晓宏急中生智，就近向苏联科考站求助，可语言不通，交流出现障碍。他又是说又是不停地用手比画，好不容易才让苏联科考站人员明白是怎么回事，可他们没多余的蓄电池。"没有蓄电池，那就自己配。"一个念头在姜晓宏脑海里闪现。于是，他从苏联科考站借来硫酸，自配电解液，成功制成了启动发电机组所需的电瓶，顺利完成新电站建设任务。

（三）3次随"雪龙"船远征南极　临危不惧下舱探火情

1994—1997年，姜晓宏随"雪龙"船三赴南极，执行中国第11次、第12次和第13次南极科考任务。这3次远征南极，他印象最深的当属1995年11月20日至1996年4月1日的第12次南极考察。1995年12月31日19时，锚泊在南极中国长城站附近海域的"雪龙"船轮机舱突发火灾，情况十分危急。事发时，姜晓宏刚结束12个小时的值守，正走回房间，只见轮机长面色凝重地从轮机舱奔跑出来，迅速关闭速闭阀。姜晓宏凭着多年的船上工作经验，意识到轮机舱里一定发生十万火急的险情了，便迅速上前听候轮机长指令。得到指令后，他以最快速度一路飞奔，将船上所有风门全部关闭，阻止空气进入轮机舱。由于轮机舱内火情不明，无法组织有效扑救，贸然进去十分危险。此时，姜晓宏不顾个人安危，主动要求进舱探明火情。只见他箭一般冲进轮机舱查看，稍后又快速出舱，向大家建议立即关闭机器。船长命令大管轮进轮机舱关闭机器。由于姜晓宏是唯一知晓舱内火情的人，他毅然与大管轮一起进入轮机舱，二人协同配合，成功将机器关闭。姜晓宏刚走出来，突然想到轮机舱附近甲板上还存放着70多桶航空煤油，一旦舱内火势失控，航空煤油就会被引燃，引发全船爆炸，后果不堪设想。他意识到，必须用正确方式迅速扑灭舱内火灾，并提议用水灭火。得到领队同意后，姜晓宏不顾疲惫，7次出入轮机舱，与大家一起成功将舱内大火扑灭，确保了船舶和人员生命安全。

事后经查看，这场大火几乎将控制电缆和动力电缆全数损毁，生活区更是全部断电。如何修复电缆，是摆在大家面前的一个难题。姜晓宏急众人之所急，积极献计献策，提议用暗电电缆代替动力电缆，先恢复生活区的供电，随后又主动配合国内派来的专家组，在智利锚地开始为期一个多月的艰难的修复工程，最终成功修复电缆，确保南极考察任务顺利完成，受到国家海洋局东海分局领导的高度肯定和表扬。

姜晓宏忠于职守，工作一丝不苟。有一次，他随"雪龙"船远赴南极，在值班巡查时，发现柴油机的排烟管被烧红，如不及时处理将导致非常严重的后果。于是他迅速处置，成功排除了故障。由于姜晓宏及时发现隐患并采取有效措施，避免了事故的发生，确保了全船人员和财产的安全，受到上级的表扬。

在姜晓宏为海洋事业奉献的近四十载光阴里，5次赴南极是他引以为傲的经历，在他的职业生涯中写下了浓墨重彩的一笔。如今，姜晓宏同志带领着东海维权执法支队的队员们，始终保持昂扬的斗志，兢兢业业，依然奋斗在海上维权执法第一线。他时刻不忘"南极精神"，身先士卒；他心系海洋事业，鞠躬尽瘁；为实现"海洋强国"的中国梦而奋斗一生！

张林同志先进事迹

张林，男，汉族，1960年5月出生。1982年毕业于山东海洋学院（现中国海洋大学）海洋系物理海洋专业，中共党员。现任国家海洋环境预报中心极地室主任。1995年荣获"中央国家机关优秀青年"称号，2008年荣获中国航海科技技术进步奖一等奖，2015年荣获海洋科学技术奖一等奖。

（一）满腔热忱，圆满完成九次极地科学考察

自1982年7月大学毕业后，张林同志一直从事远洋、极地海洋气象预报工作，一干就是30多年。极地是他一辈子都难以割舍的情怀。从1984年我国首次开始南极考察开始，他不是在现场就是在极地预报岗位承担海洋气象预报保障任务。张林先后参加了8次南极科学考察、1次北极科学考察，在极地现场累积工作近60个月。他不仅做过极地航线预报，也做过南极站区和内陆预报；无论是随船保障还是在考察站度夏和越冬，都出色圆满地完成了预报任务，为考察任务的顺利完成提供了及时、有效的预报保障。比如，1989年他在担任第6次南极考察长城站越冬气象预报员期间，有队员在南极冰盖出现险情，需要立即救援。张林同志仔细分析当时的天气形势，利用有限的资料，根据经验判断出最佳救援时机，并和其他队员一道，成功完成救援任务，保障了各项越冬工作的顺利开展。在2015年年末，55岁的他再次奔赴南极，作为长城站站长执行第32次南极越冬科考任务。

（二）精益求精，极地预报业务和研究工作领头人

张林同志对工作精益求精，在他的带领下，我国极地海洋气象预报事业从无到有，从弱到强。他以身作则，带领年轻的极地预报团队成员，攻坚克难，针对极地灾害性天气过程和极地海冰开展诊断分析和数值预报的研究工作，初步建成了我国自主的极地海洋环境数值预报系统，填补了国内空白。他先后主持和带领团队完成国家自然科学基金、国家极地考察专项、国家科技支撑、国家海洋公益项目等多项国家级研究课题，主持完成了南极长城站、中山站极轨卫星接收系统建设和升级项目；以高级访问学者身份赴美国伯德极地研究中心开展了为期一年的极地天气预报研究；组织出版专著、译著7部，发表极地预报研究论文30余篇。他还推动我国于2014年11月正式加入世界气象组织极地预报计划，我国的极地预报事业由此正式登上了国际舞台。

（三）引领团队，出色完成"雪龙"船南极冰区脱困预报保障任务

2014年年初，"雪龙"船在完成对俄罗斯"绍卡利斯基院士"号考察船的救援、准备撤离时，被周围异常密实的海冰所困，且海冰厚度超出"雪龙"船破冰能力。危急关头，国家海洋局组织力量积极应对，国家海洋环境预报中心紧急启动了最高应急响应。作为极地海洋气象预报的资深专家，张林同志凭借多年积累的丰富预报经验和敏锐的直觉，立即做出预判。他不仅亲自参加各个级别的预测会商，还组织带领极地预报团队，本着高度负责的科学态度，为"雪龙"船选择最佳脱困时机。在张林同志的带领下，预报中心极地预报团队集思广益，多方查找和获取数据资料，经过缜密思考、精确计算，最终依托预报中心最新的研究成果——全球海洋环境预报系统和极地大气、海冰数值预报平台提出了精准的预测意见和明确的脱困时间窗口，使"雪龙"船成功完成自主脱困，获得了中央、国家海洋局、第30次南极科考队和"雪龙"船团队的高度称赞，同时也赢得了广泛的社会赞誉。在2014年1月3—7日的5个昼夜里，张林一直坚守工作岗位，时刻惦念"雪龙"船的安危，如身临其境般数日未眠，一直处于超负荷工作状态。其间，在他的悉心组织下，预报中心应急团队先后紧急发布南极预报保障特刊8期、"雪龙"船应急专报4期、南极预报保障冰情速报4期，为"雪龙"船脱困提供了重要的

科学参考依据，最终确保了"雪龙"船的安全，打赢了这场南极极端环境下的应急预报保障攻坚战。

"雪龙"船脱困保障任务的圆满完成，让张林更清晰地意识到极地预报的责任与使命。在2014—2015年里，张林不仅出色完成了我国第30次、第31次南极考察和第6次北极考察的预报保障任务，又开始为第32次南极考察提供预报保障服务。

从毕业伊始至今，33年的时间里，张林把职业生涯和自己的大部分时间都奉献给了极地预报和极地科学考察事业，很好地诠释了"爱国、求实、创新、拼搏"的"南极精神"。如今，张林并没有停下脚步，他带领着极地预报团队向新的高度出发，迎接更大的挑战。

于海鹏同志先进事迹

于海鹏，男，汉族，1982年出生。2005年7月毕业于中国海洋大学，同年进入国家海洋环境预报中心海洋气象预报室工作，中共党员，现任海洋气象预报室短期预报组组长。2007年被国家海洋环境预报中心评为"优秀团员"，2010年被评为"汛期应用保障先进个人"，2011年被评为"先进工作者"，2014年被评为中国第30次南极科学考察"优秀科考队员"。2015年作为优秀党员代表被国家海洋环境预报中心党委通报表扬。

海洋气象预报室自1984年参与中国首次南极科考以来，为国家极地科考事业提供了30年无间断的航线气象保障。在这个光荣的集体里，于海鹏同志参加了第23—29次南极科考、第3—6次北极科考的后方气象保障工作，积累了大量预报经验，现已成为极地航线气象保障的中坚力量。

2013年，于海鹏负责中国第30次南极考察队的随船（"雪龙"号）气象保障工作。在这次堪称传奇的航程中，他成功保障了泰山站建站物资卸运、中国首次环南极航行、中国船舶首次抵达南纬75度以南海域等重大任务。于海鹏还在"雪龙"号成功救援俄罗斯科考船并自行脱困、临危受命搜寻马来西亚航空公司失联飞机等突发任务中，起了关键性作用。他身兼多职，独立承担了气象预报、海冰观测和新站自动气象站安装三重职责，均出色完成了任务。由于在考察行程中表现突出，于海鹏多次立功获奖，并被通报表扬。

圆满保障中山站卸货和首次环南极航行。第30次南极科考常规任务中，中山站卸货是重中之重。由于冰面条件不好，雪地车无法运输，上千吨南极泰山站建站物资和中山站越冬给养全部由直升机运输，创纪录的直升机卸货量和变化多端的南极天气给气象保障提出了巨大挑战。在首次环南极航行途中，一路航经24个时区，让人时差混乱；因频繁遭遇气旋，队员们的五脏六腑都被颠簸得"七上八下"。在这样的环境下，别的科考队员可以调整休息，而作为气象员的于海鹏必须每天4次准时出现在观测和预报岗位上。为了能按时值班，提供及时准确的预报，闹钟和安眠药成了他每天的标准装备——服用安眠药才能睡着，闹钟则负责在清晨把他叫醒。考察行程中后期，由于没有新鲜蔬菜，严重缺乏维生素，于海鹏两手手指蜕皮出血，每天不得不戴着手套操作气象设备，发布预报。

助力国际救援，为中国极地科考赢得国际声誉。于海鹏虽然年纪轻，却有着丰富的预报经验，处理急难任务沉着冷静。2014年年初，在营救被海冰围困的俄罗斯籍船只的突发任务中，"雪鹰12"直升机要在情况不明的浮冰上降落，需要极为严格的气象条件，风险很大。于海鹏搜集、测算、综合分析各种资料后，预测到1月2日会出现晴好天气，风力不大且能见度很好，建议科考队此时执行营救任务。1月2日当天晴空万里，风力在3级以下。直升机抓住这难得的天气"窗口"，果断行动，成功把受困俄罗斯船只的52名乘客营救出来，为中国极地科考赢得了国际声誉。习近平总书记为此指出：中国南极科学考察队暨"雪龙"号船在极其困难的条件下，冒着极大风险，成功完成对遇险俄罗斯籍客轮的救援行动，为祖国和人民争得了荣誉，请向同志们致敬，并转达我对他们的诚挚慰问。

在"雪龙"号脱困行动中起到关键作用。"雪龙"号在营救了俄罗斯南极遇险船只，撤离重北湖区的时候，自身被困受阻，引起全国人民极大关注。在"雪龙"号脱困行动中，风向的改变至关重要。在东南极区域，常年盛行东风且绕极气旋影响频繁，只有西风才有利于"雪龙"号周围的密集浮冰松动。基于现场观测分析并在后方团队的鼎力支持下，于海鹏提前5天预报出了2014年1月7日有一个东风转换西风的天气过程。1月5—7日，于海鹏连续三天三夜坚守在观测预报岗位上，每隔3个小时向考察队领导、国家海洋环境预报中心汇报一次气象和海冰实况。一次出舱观测海冰时，由于疲劳过度和甲板结冰，于海鹏不慎摔倒，导致右手手腕受伤；在此后的脱困行动中，他一直带伤坚守在岗位上。"雪龙"号脱困期间，他作为考察队脱困应急技术小组成员全程参与决策过程，包括参加张高丽副总理组织召开的应急视频决策会议。同时，在这敏感的时刻，于海鹏妥善应对了新华社、中央电视台、美国有线电视新闻网等国内外多家新闻媒体密集的采访报道。1月7日，西向风如约而至，浮冰开始松动，于海鹏在连续观测的基础上利用卫星遥感资料独立制作了脱困导航图。在导航图的帮助下，"雪龙"号利用提前选定的加速水道，一次次冲击浮冰；终于在1月7日傍晚突破重重围困，到达开阔水域。都说"男儿有泪不轻弹"，突围成功时，几夜未睡的于海鹏在气象值班室禁不住埋头痛哭。之后，他克制住自己激动的情绪和身体的疲劳，在其他科考队员进行庆祝和休息的时候，马上投入到后续的航线气象预报中去。

在马来西亚航空公司失联客机搜寻行动中表现出色。2014年3月，在圆满完成所有科考任务、等待靠泊澳大利亚弗里曼特尔港补给休整的时候，"雪龙"号突然接到搜寻马来西亚航空公司失联客机的紧急任务。此时，已经离家近140天的于海鹏无比想念家中的亲人和仅两岁大的孩子，身体也由于巨大压力和消耗而"报警"频频；但他深知，气象预报对"雪龙"号的搜寻行动至关重要。于海鹏放弃了提前回国而选择留下参加搜寻任务，征尘未洗，再次奔赴印度洋。由"雪龙"号、中国海军舰艇、中国空军伊尔-76机队和中国商船组成联合编队，执行此次搜寻任务。在与其他方面的气象预报意见不一致的情况下，于海鹏顶住压力，利用多次穿越西风带的经验和对南大洋天气的全面掌握，说服了整个编队一致行动，成功保障了中国首次远洋海空一体搜寻行动。在搜寻行动中，他以准确的预报帮助"雪龙"号在军地联合编队中树立了"指挥舰"的地位，并为军方气象预报员做了相关海域预报要点培训，为极地科考行业争得了荣誉。

所谓不经巨大的困难，不会有伟大的事业。从事极地领域工作的人都知道，气象预报的准确与否是各项任务能否顺利完成的关键。同时，预报员还要面对天气变化的各种不确定性因素，压力巨大。在多次突发任务的艰巨考验面前，于海鹏顶住了压力，发扬"爱国、求实、创新、拼搏"的"南极精神"，用客观准确的分析和预报，保障了一系列重大紧急任务的完成。

刘瑞源同志先进事迹

刘瑞源，研究员，博士生导师，享受政府特殊津贴。1941出生于江苏无锡，1963年毕业于中国科学技术大学，1965—1991年在信息产业部中国电波传播研究所工作，曾任副总工程师、副所长。1991年起在中国极地研究所工作，曾任该所科学技术委员会主任，高空大气研究室主任。是中国电子学会会士，中国空间科学学会理事，武汉大学、复旦大学兼职教授，《极地研究》和《Advances in Polar Science》主编。1980—1982年作为访问学者在英国卢瑟福阿普尔顿实验室工作，1994年2—8月作为高级访问学者在美国麻省洛尔大学工作。

刘瑞源同志长期从事极区高空大气物理、电离层与无线电波传播等研究，撰写论文140余篇，获国家科学大会奖、上海市科技进步奖、电子工业部科技成果奖、海洋创新成果奖等部级以上科技进步奖10项。在极区电离层−磁层耦合和极光动力学方面取得了具有国际先进水平的研究成果。

刘瑞源同志是我国极地事业的开创者之一，开拓了我国空间科学研究新领域——极区空间物理学，在极区空间物理学科建设和人才培养上做出了突出贡献。

1. 刘瑞源是我国早期从事极地科学考察研究的人员之一，早在1984年，他在电波传播研究所作为副总工程师负责南极短波通信和电离层考察的技术抓总，在长城站和中山站建成了短波通信系统，保障了南极与国内的超远程通信指挥。由他主持的"南极短波通信与电离层考察"研究项目获国家科技进步奖三等奖（1995年）。

2. 创建极区高空大气物理研究室。该研究室已成为我国极区空间物理研究的牵头单位和中坚力量。1991年，刘瑞源辞去原单位副所长职务来到中国极地研究中心，担任极区高空大气物理研究室主任，潜心于极地考察研究。他规划了学科研究方向，承担国家科技攻关"中国南极考察科学研究"项目，开展了我国与日本、澳大利亚和挪威在极区空间物理方面卓有成效的国际合作，从无到有，培养了一批从事极区空间物理研究的人才。目前，研究室已有研究员6人，承担着国家科技攻关、军用"863"、自然科学基金等重大、重点项目30多个，已成为极地研究的优势学科方向。

3. 多次赴南、北两极考察指导。在中山站建成了国际先进的高空大气观测系统，该系统由8台光学、地磁和无线电观测设备组成，总体技术水平达到当前国际同类观测系统的先进水平，并具有显著的科学效益和社会效益。该成果获国家海洋局颁发的海洋创新成果奖一等奖（2001年，第一完成人）。他论证了中山站开展高空大气观测的地域优势，负责系统总体集成，并于1994年率领项目组赴南极现场架设调试，解决了站区电磁干扰、光学探头结霜等关键技术问题。1997年，刘瑞源研究员赴北极新奥勒松考察，访问多个单位并写出技术报告，为我国建立北极黄河站提供了有价值的调查材料。

4. 在极区电离层-磁层耦合和极光动力学方面取得了具有国际先进水平的研究成果。刘瑞源长期从事极区高空大气物理、电离层与无线电波传播等研究，他的主要学术贡献为：发现南极中山站电离层F2层存在明显的磁中午异常，在国际上首次利用电离层垂测数据获得极隙区纬度等离子体对流模式，揭示了行星际磁场By分量对漂移运动的控制作用；获得了剧烈太阳活动事件中极区电离层响应的多手段观测数据，填补了我国太阳活动峰年联测中极区数据的空白；得到了日侧重联产生的"通量传输事件"（FTEs）在极区电离层的踪迹；提出了构建中山站-斯瓦尔巴特共轭观测体系的思想，构建了极隙区纬度上国际先进的共轭观测对。刘瑞源治学严谨、求实创新、以身作则、团结协作，长期活跃在国内外学术界，享有很高的声誉。曾担任我国历届南极科学考察学术委员会委员，国家自然科学基金评审专家；担任国际南极研究科学委员会（SCAR）日地和天文学工作组副主席，欧洲非相干散射雷达科学监督委员会主席。

5. 培养我国极地研究高层次人才卓有成效。刘瑞源致力于我国高空大气物理高层次研究人才的培养，悉心指导青年科研人员和研究生。他注重引导和发挥学生的主观能动性，言传身教，平易近人，深受研究生的尊敬和爱戴。先后培养了13名博士生和硕士生，他们之中，有些已成为极地研究中心的主任、副主任，有些已成为极地研究的学科带头人和研究骨干。

6. 耕耘不息，发挥余热。刘瑞源退休后担任《极地研究》和《Advances in Polar Science》两份学术期刊的主编。在其主持下，英文刊由半年刊扩大为季刊，中文刊保持为核心期刊且影响因子稳步提升，并于2014年荣获首届上海市高校特色科技期刊奖。刘瑞源退休后继续致力于培养研究生，协助所在研究室导师，又培养博士生3名，硕士生2名。他还致力于极地科学研究事业并做出新贡献，主持研发了"中国地区电离层短期预报技术"。该技术符合我国国情，实用性强，且达到相当高的预报精度，具有国际先进水平，并在我国雷达定位、通信导航、电波环境等方面得到了具体应用。

王建忠同志先进事迹

王建忠，男，中共党员，汉族，1989年毕业于大连海事大学电子工程系，此后一直在国家海洋局工作。1994年于上海海事局船员培训中心获得A类船舶驾驶证书，历经数次培训获得A类船长证书。现任中国极地研究中心"极地破冰船工程部"副总指挥。曾荣立二等功1次、三等功2次，荣获科技部"野外先进工作者"称号，和"雪龙"船全体船员多次获得"全国先进工作集体"和"先进党支部"称号，并被评为"2013年海洋人物"，2008年、2014年荣获全国海洋科技奖一等奖（"雪龙"船改造）。

王建忠同志自1996年起，就和"雪龙"船全体船员一起投身于中国极地考察事业，参加了近20次中国极地科考航次任务，并执行过中国远洋公司"永盛"轮的首航北极东北航道任务。

王建忠和"雪龙"船的船员长年别妻离子、别父离母，为了民族利益而远赴南极，在十分艰苦和危机四伏的环境下，经历了许多惊心动魄的场面，克服了许多意想不到的困难和险阻，默默地忍受着狂风暴雪、孤独寂寞的洗礼，不折不扣地完成了一次又一次艰巨任务。他们把峥嵘岁月变成光荣的历史瞬间，用自己的具体行动，谱写了一曲曲可歌可泣的时代壮歌。

王建忠作为原"雪龙"船的船长，继承和发扬"爱国、爱船、团结、奉献"的"雪龙精神"，在极端恶劣的自然环境和极其艰苦的工作条件下，带领"雪龙"船全体船员顽强拼搏，取得了优异的成绩。

"雪龙"船的航区几乎纵贯南北二极、横跨东西半球，遇到了各种各样的艰难险阻；为了事业和理想追求，有许多船员放弃了外面的高薪工作。特别是高级船员，完全可以找一份工资比在"雪龙"船高几倍甚至十几倍的工作，然而他们追求的是我国的极地事业。从事在"雪龙"船极地考察工作，第一讲的是奉献，没有奉献精神就不要在"雪龙"船工作。这是"雪龙"船党支部十几年来一直号召和倡导的"爱国、团结、拼搏、奉献"的"雪龙精神"的主旋律。"雪龙"船的全体船员，以自己的实际行动，奏响了这一和谐、优美的音符。

王建忠担任"雪龙"船船长期间，2011年实现访问台湾地区的"破冰之旅"，成功接待了2000多人次的全方位参观、访问；2012年，"雪龙"船在缺乏各种资料和北极东北航道航行经验的情况下，顺利完成中国船舶首航北极东北航道并从高纬海区独立返航，开创了中国船舶往返北冰洋航道的先河；2013年，王建忠作为中国商船"永盛"轮首航东北航道的总顾问，全程参与和指导了整个过程，开创了北极东北航道的中国商业时代；2013年圣诞节，在极其艰难的条件下，"雪龙"船成功在南极海域对遇险的俄罗斯"绍卡利斯基院士"号实行了人员救助，开创了中国船舶在南极恶劣海域的大规模国际救援的先例；因国际救援任务严重影响了"雪龙"船南极考察进度，王建忠和团队成员一起想方设法抢时间、争速度，科学决策，按时完成了中国船舶首次环南极洲航行与考察任务；2014年3月，在震惊世界的MH370班机失联事件发生后，"雪龙"船成为第一个到达南印度洋疑似失事海区的搜救船舶，并作为指挥船在大风浪中顺利完成了搜寻任务。

南极的夏天极其短暂，每年的可工作、施工时间不到2个月。为了抢时间、争速度，"雪龙"船的全体船员和全体队员在王建忠的带领下，在一切可以利用的气象条件下，争分夺秒、废寝忘食地工作在冰天雪地和"重山礁林"中。24、36、48、56个小时的连续高强度工作纪录一次次被打破，直升机、雪地车、小艇齐出动的海陆空、全方位立体化作业也成了司空见惯的场面。"食无点、寝无时、雪解渴、冰为饥"的经历，几乎每位船员和队员都体验过。

"爱国、团结、拼搏、奉献"的"雪龙精神"，在王建忠担任船长期间得到了继承和发扬，鼓舞着越来越多的"雪龙人"。

"雪龙"号出海前，装载的物资多而杂，且大部分是重大件。由于上海市的交通要求，重大型车辆和外地车辆白天禁止通行，所以王建忠和全体船员们只能夜里装货，而白天他们又要配合和督促修船厂家。就这样，他一直忙到出海前一天的晚上8点多才到家，拿上家人准备的出海用品后，又匆匆回到了船上。

　　20多年来，王建忠为了中国的极地事业，无怨无悔地奉献了人生中的宝贵时光，也为极地事业做出应有的贡献。

曹建军同志先进事迹

❧❧❧

曹建军，1957年2月出生，轮机专业，1976年入伍参军，曾在"向阳红10"号船、"天皇星"号船和"雪龙"船工作过，主要担任机匠长职务，参加过10次南极考察、两次北极考察，荣获二等功1次、三等功3次，荣获国家机关"新长征突击手标兵""全国新长征突击手"称号，被中国极地研究中心评为"优秀共产党员"。

2010年11月，曹建军同志参加了中国第27次南极考察，担任长城站副站长。2011年年底，在经历了漫长的越冬后，他根据组织需要，又继续留在长城站，延长在南极的工作时间，承担后续考察队度夏的后勤保障任务。

作为长城站副站长，曹建军主要负责考察站的全部后勤保障工作，包括机械、电力、水暖等专业岗位工作以及考察站卸货等重大任务。他平易近人，团结同志，共同营造和谐、愉快的工作氛围，为考察站安全运行做出贡献。

作为水暖工，他积极对待本岗位工作，不摆领导架子，认真完成考察站污水处理和垃圾焚烧、分类，保证考察站清洁的卫生环境；负责考察站供暖锅炉维护，定期巡查各管路管道并做记录；对所负责设备定期进行保养和清洁，出现故障及时排除；做好水暖配件的清点和整理。

作为考察队员，他能够深入群众，亲力亲为，积极配合其他岗位的队员工作。先后配合机械师完成机械车辆的修理工作，协助发电人员维护和维修发电机组，并积极为各科考项目提供支持。例如：参加长城湾锚系潜标系统的布放，为大气采样设备进气口制作防雪罩，修理高山地磁台观测房，定期测量码头附近及长湖的冰厚，等等。曹建军同时组织大家对所有后勤保障物资进行整理、清点，编写物资档案，为考察站以后的物资管理工作打下基础。

越冬结束后，为了协助第28次南极科考队顺利展开度夏工作，曹建军继续留站，承担有关后勤保障任务，并在短时间完成和后任水暖工的工作交接。在度夏工程建设方面，曹建军与宝钢建设人员密切合作，结合越冬期间的实际经验，为站区上、下水管网系统改造提出进一步的施工要求，并提供了切实可行的现场方案，保证了站区上、下水管网系统改造工程的顺利进行。同时，他负责并承担度夏期间科考保障工作，包括海上作业样品采集的用艇保障、路上作业所需的车辆和机械支持等，并带领科考人员顺利完成了生态环境监测与长城站验潮站相关设备的布置安放和回收。

曹建军同志自1984年参加我国首次南极科学考察，在南极考察一线工作和生活累计近7年时间，将青春奉献给了极地事业，为年轻同志树立了榜样。

徐霞兴同志先进事迹

徐霞兴，男，汉族，1950年12月25日出生。1969年参加工作，中共党员。1990年调入中国极地研究中心，从事我国的南极考察工作，曾7次参加中国南极考察队奔赴南极。在南极考察时间累计5年4个月，担任过南极越冬考察机械师、管理员、站长等职务，现已退休。曾荣获国家海洋局三等功两次。

徐霞兴同志7次到南极，他总是身先士卒，走在探险队员的最前面，发扬先锋模范作用。无论是雪地探路、安抚队员还是国际救援，他都表现出积极乐观的态度。身处南极恶劣的环境，科考人员执行任务随时都可能面临危险。徐霞兴凭借丰富的经验，沉着、冷静地处理各种突发事件。化解了一个个难题。

1994年10月至1996年1月，参加中国第12次南极考察，赴南极长城站执行越冬任务，担任机械师。1997年11月至1998年4月，参加中国第15次南极考察，赴南极开展内陆冰盖考察，担任机械师。2001年10月至2003年4月，参加中国第18次南极考察，赴南极中山站执行越冬任务，担任管理员，并连续参加中国第19次南极考察，执行赴南极内陆冰盖格罗夫山区收集陨石的任务，担任机械师。2004年10月至2005年4月，参加中国第21次南极内陆冰盖考察，担任机械师，是12名成功登顶的队员之一。此次考察是人类首次登顶南极内陆冰盖最高点（冰穹-A）。2005年10月至2006年4月，参加中国第22次南极考察，执行赴盖格罗夫山区收集陨石的任务，担任机械师。2007年

10月至2009年1月，参加中国第24次南极考察，为建立中国第三个南极考察站——昆仑站进行选址，担任机械师，并继续留在南极中山站，担任越冬站长兼支部书记。

（一）参与首次登顶南极内陆冰盖最高点（冰穹-A）

2005年1月18日，中国第21次南极考察队从陆路实现了人类首次登顶冰穹-A。包括徐霞兴在内的12名考察队员到达冰穹-A最高点。那里的海拔有4093米，含氧量相当于海平面的60%，极易使人发生高原反应。而且常年低温，夏季平均气温为-35℃，冬季可以达到-80℃以下。在世界上没有其他国家有勇气、有能力在那里建站的情况下，中国最终赢得了国际南极事务委员会的同意，在冰穹-A建立南极昆仑考察站。

冰穹-A距离中山站有1250千米的路程，全程要在大冰盖上行进。从中山站出发，徐霞兴开头车探路前行，整整20天后才到达目标区。在挺进冰穹-A十几天后，13名队员中突然有1人生病，生命垂危。为了使队员得到救援，考察队竭尽全力，为美国阿蒙森基地的支援飞机提供起降条件：用手摇泵为飞机加油，并在雪地上提供飞机跑道，最终成功将患病队员送上飞机。这名队员在美方基地经高压氧舱治疗后得救，堪称奇迹。最后到达冰穹-A的勇士为12人。在徐霞兴的带领下，他们在冰穹-A处将代表13个勇士的13个油桶焊接起来，做成了地标，在上面插上五星红旗，并在冰穹-A建立了南极昆仑考察站，为祖国赢得了荣誉。

（二）南极冰海沉车成功脱险第一人

在第24次南极考察期间，因冰层的破裂，徐霞兴连人带车掉入冰海，有过冰海逃生的经历。2008年11月27日夜晚，"雪龙"号科学考察船因破冰受阻，在距离中山站41千米处选择了一片相对平坦的海冰停靠。徐霞兴被安排从中山站驾驶雪地车出发，探查运货的行进路线。当7吨重的雪地车启动并行进了五六米后，正好碰上一块薄冰，雪地车发生倾斜并坠入海中，驾驶舱内一下灌进了将近1米深的海水。此时，车门已经无法打开。徐霞兴沉着冷静，第一时间挪到了空间相对大一些的副驾驶座位上，一只手拧开天窗开关。可天窗外面被海水压着，无法打开。他便用另一只手使劲拉开车窗上部，让海水灌入驾驶室，把天窗顶开，他乘势冲了出去。此时，整个雪地车已经没入海中大约5米深了。在从雪地车向外爬的时候，徐霞兴巨大的雪地靴被卡在不足50厘米宽的天窗上。他用力蹬掉雪地靴，喝了4口冰冷的海水，终于拨开浮冰，又一次呼吸到了空气。从发生海冰塌陷到他从海水中爬出来，总共将近一分钟。后来医生的检查表明，徐霞兴的各项生理指标正常。徐霞兴冷静思考、沉着睿智地面对突发事件，起到先锋模范作用；他临危不惧，思维敏捷，表现出过人的智慧与气魄，最后成功脱险，成为南极考察史上冰海沉车生还的唯一一人。

（三）收集珍贵陨石捐献国家

徐霞兴曾是国内第一批在南极寻找陨石的人。当时，5个科考队员根据中国科学院地球物理研究院高级研究员林杨挺教授的预测，在格罗夫冰盖共找到4484块陨石，对我国天体科研做出了重要贡献。在国际科学界，火星陨石是陨石里的"贵族"，全世界仅发现7块，其标价为每克20万美元。徐霞兴收集到了中国目前仅有的两块火星陨石，其中一块有7.5克。他把它们无偿捐献给了祖国，充分体现了无私奉献的精神。目前，我国南极陨石收集量达到11 400块，数量仅次于日本、美国，位居世界第三。

魏福海同志先进事迹

魏福海，男，汉族，1982年4月出生，中共党员，大学本科，现任中国极地研究中心考察运行部副主任，工程师，6次赴南极内陆工作，担任过南极内陆考察队机械师、队长，中山站、昆仑站和泰山站站长，考察队领队助理、临时党委成员等，曾荣获国土资源部"五四青年奖章"和国家海洋局个人二等功、个人三等功等荣誉。

2004年7月至2007年年底，魏福海同志主要从事我国极地考察"十五"能力建设中的国内基地建设工作。3年间，他从一名大学毕业生迅速成长为合格的"基建"工作者，懂得基本建设程序、现场施工管理以及各单位之间协调。作为项目主要成员，参与了国内基地土地征用、250米深水码头、堆场、仓库及配套设施的建设工作；在项目中，承担主要设备的调研、选型和采购工作，保证了基建程序合规、建设质量优良，为南极考察后方保障打下基础。

2007年至今，魏福海从国内基层业务性工作转战一线，7年来，在国内和南极考察现场的时间各半。在国内，他主要负责考察站相关计划的制订和实施工作，同时是南极考察内陆站——泰山站建设项目的主要执行者。在考察现场，他6次深入南极内陆，并在中山站越冬，多次执行海冰卸货等高风险作业任务，从一名内陆考察机械师成长为考察站站长和内陆考察队队长。

第24次、第25次、第26次和第28次南极考察期间，魏福海作为机械师、内陆队副队长，和机械师团队保障了南极内陆考察和格罗夫山考察的顺利开展。他全程参与了昆仑站一期、二期建设，并作为甲方代表在现场组织昆仑站二期建筑和设备的安装工作。

第30次、第31次南极考察期间，魏福海在南极现场工作17个月，连续两次执行内陆任务并越冬，被称为"三站站长"。其间，他作为内陆考察队队长，带领27名队员在南极内陆冰盖上建立起我国第四个南极考察站——泰山站。在奋战的60多天里，他每天工作12个小时以上，没有因为寒冷和暴风天气而停止工作，牢记承诺和重托，时刻提醒自己和队员要为国旗增彩。建站过程中，魏福海体重下降，手部冻伤，但从不言苦，每天坚持检查各项安全工作，总是最后一个睡觉。泰山站落成那一天，习近平总书记代表党中央、国务院表示热烈祝贺，同时，国家海洋局任命魏福海为泰山站首任站长。泰山站建设任务和各项科考任务结束后，第30次南极考察队启程回国，而魏福海作为中山站站长，继续带领17名队员留守中山站越冬。不论是南极冬天的狂风暴雪还是漫长极夜，他带领队员们始终保持着健康乐观的心态，始终凝聚力量积极向上，于2014年12月圆满完成越冬任务，迎接第31次南极考察队的到来。同时，组织上交给魏福海一项新的任务——带领新来的32名队员到昆仑站，这意味着他要推迟4个月回国，而这支内陆队是我国开展南极内陆考察以来人员和设备规模最大的一批。最终，魏福海和大家全面完成昆仑站建设收尾工程，实现我国南极首支深冰芯正式开钻，并成功安装第二台南极巡天望远镜。

魏福海同志思想稳定，作风正派，服从大局，已成长为我国南极考察年轻的骨干力量。

张体军同志先进事迹

张体军，男，汉族，1976年8月出生，2000年参加工作，中共党员，理学硕士。2005年进入中国极地研究中心工作，历任"十五"能力建设项目办公室行政文员、极地站务处主任科员、人事处主任科员、站务管理处副处长等职，担任极地研究中心"内陆站建设项目工程部""航空保障体系建设工程部""新建维多利亚地站工程部""泰山站建设项目工程部"副总指挥。现任中国极地研究中心考察运行部主任，高级工程师。

张体军同志参加过中国第25次、第26次、第29次、第31次和第32次南极考察，曾担任第25次南极考察中山站越冬管理员兼站长助理，第29次南极考察领队助理、维多利亚地选址工作组组长，第32次南极考察固定翼飞机工作队队长。他在任考察运行部主任期间，安全保障了第29次、第30次和第31次南极考察，顺利完成了泰山站建设、昆仑站二期建设及南极航空保障体系建设等重要基础设施项目。

2008年，张体军作为中山站越冬队员参加第25次南极考察，岗位是管理员兼站长助理。此次越冬恰逢中山站更新改造项目，由于天气因素，工程进展缓慢，越冬人员从17人一下增加到了28人，生活保障物资供应的压力很大。由于没有冷藏库，只能在旧的文体楼找几间房间作库房；蔬菜水果格外娇贵，对温度、湿度都有严格的要求。张体军每天至少四次巡视库房，确保温度在4℃左右，湿度只能通过开窗大小来调节。在极夜期间，他担心后半夜降温冻坏蔬菜，都要起来检查蔬菜库房，时间一长就患上了严重的失眠症。

按惯例，每周末厨师轮休时由队员兼做餐食。由于工人在越冬期间也要正常工作，张体军便主动承担了每周六的做饭任务。为了丰富队员的越冬生活，张体军倡议编制了《中山一周》站报，动态报道队员越冬生活，传播极地科普知识，这份报纸还定期发给临近的澳大利亚戴维斯站，也与对方建立了深厚的友谊。越冬后期，大家的健康状况都有所下降。为了给考察队员增加营养，张体军想方设法改善伙食，熬骨头汤、做面食和点心等，受到了队员的好评。2009年10月8日，一名越冬队员突发急性阑尾炎，生命危在旦夕。张体军跟站长连夜到俄罗斯进步站请求支援，并迅速将该队员运到进步站进行手术。手术中，张体军既当翻译又做助手，术后一直守护到天亮，这位队员最终完全康复。在越冬期间，张体军自己也长期忍受右腹部疼痛、严重失眠等困扰，每天凌晨4—5点才睡，早上照常起来工作。他和其他越冬队员一起完成了常规维持工作，保障了主楼、综合库等重大更新改造项目的实施。第25次南极考察结束后，在返航的路上，张体军还参与了在澳大利亚凯西站接待中国政府代表团及协调转运中山站伤员的工作，最终将伤员从中山站运至戴维斯站，再运到凯西站，顺利完成了极地大营救。

2010年年底，张体军回国做了10个月人事工作后，重新回到站务管理处，接受了一项既有挑战又有意义的工作——南极固定翼飞机项目。张体军仔细阅读之前的上报报告和调研报告，同时积极与国际同行联系，吸取他们在建设南极航空力量方面的经验教训。为完成报送国家发展和改革委员会的报告，张体军像拧紧发条的机器，夜以继日地寻找材料、收发邮件。2011年的上半年，张体军几乎每天在单位加班到10点以后。由于不是自己的专业，张体军反复查找并学习基础知识，虚心向国际同行请教，对南极航空网络有了更深刻的认识，也建立起了工作联系。2011年8月，他终于将完成的《中国南极考察固定翼飞机项目购机方案、使用及管理方式论证报告》上报给国家发展和改革委员会。2013年年初，国家发展和改革委员会批复同意购置固定翼飞机。极地研究中心也为此成立了工程部，张体军作为副总指挥具体参与固定翼飞机购置及运行等关键合同的谈判工作。2014年1月，与美国巴斯勒公司签署购机合同；2015年2月，与加拿大KBA公司签署托管合同；2015年10月，固定翼飞机完成改装并在加拿大完成交机。整个购机、托管的工作都按照上报国家发展和改革委员会的工作思路进行，然而更大的挑战还在后面：

要使这架代号为"雪鹰601"的飞机在南极飞起来，还需要诸多的国际支持才能为其构建保障网。为此，在工作层面，张体军利用参加国际会议的机会，积极联系并与主要南极考察国家建立航空后勤保障合作，终于在"雪鹰601"转场之前，先后与美国、英国、澳大利亚和俄罗斯的南极考察机构达成有关后勤保障合作协议，确保"雪鹰601"在南极运行所需的机场支持、气象、通信、导航、医疗及应急搜救等各项保障服务。同时，在极地研究中心内部积极培养自己的飞机运行保障团队。"雪鹰601"于11月30日安全飞抵中山站附近的冰盖机场，顺利地将部分考察队员从凯西站接运到中山站；12月22日，"雪鹰601"圆满完成泰山站测试飞行和首次完整科研测试飞行。目前，"雪鹰601"已安全飞行约83小时，飞行距离约25 000千米，并初步建立起包括生活保障、加油系统、消防系统、雪面交通工具、自动气象站、通信条件在内的地面保障体系，地面保障人员也基本掌握了飞机运行保障的各项技能。

在担任考察运行部主任期间，张体军还承担了新建维多利亚地考察站的前期准备工作。从第29次南极考察以来，他连续负责维多利亚地选址、地质勘查、工程勘察、国际环评报告、站区规划、概念方案设计以及施工准备等工作。特别是第37届《南极条约》协商国会议通过了维多利亚地新建站环评报告，张体军又为未来建站做了大量准备工作，分别在第29次和第31次南极考察期间两次到罗斯海维多利亚地参与现场工作。在此期间，张体军还负责完成了昆仑站二期项目、内陆装备更新项目等重大工程。

汪海浪同志先进事迹

汪海浪，男，汉族，1955年9月出生。1973年参加工作，中共党员，大专学历。曾任中国极地研究中心"雪龙"船大副、政委、船舶管理处处长、集中采购部主任、基建与资产处处长、破冰船建造工程部副总指挥。现已退休，担任极地破冰船建造工程部顾问。参加过中国首次南极科学考察以及第16次、第18次、第24次、第25次和第31次共6次南极考察和首次北极考察。在南极科学考察队曾担任党办主任、领队助理、副领队和中山站度夏代理站长等职务。2008年荣立国家海洋局三等功。

（一）参加中国首次南极考察和首次北极考察

汪海浪同志曾任中国首次南极考察"向阳红10"号船三副、长城站建站第一登陆艇艇长。

首次南极考察期间，在长城站附近只能通过小艇运输人员和物资。面对寒风瑟瑟、风起浪涌、浓雾弥漫的恶劣自然环境，汪海浪毅然请命，在缺乏海图资料、布满礁石的水域中，探索性地圆满完成各种车辆和建站物资的运输任务，荣立二等功。

另外，他在我国首次北极考察中担任第一登陆艇艇长。

（二）参与2006—2007年"雪龙"船重大改造

2006—2007年期间开展的"雪龙"船改造，是中国极地研究中心首次负责组织实施的大型船舶改造项目，包括"雪龙"船上层建筑拆除、轮机舱主机和副机的拆检等重大环节。改造工作的好坏直接关系到中国第24次南极考察和国际极地年计划的顺利进行，以及"雪龙"船此后15～20年的使用运行。

在时间异常紧张、任务繁重的情况下，汪海浪作为"雪龙"船改造现场监造工作组组长，制订了《雪龙船改造现场监造工作组工作实施计划》，配合、监督船厂施工，协调设计院、监理、设备厂商和船级社等多家相关单位，创造了半年完成船舶改造工作的奇迹，为2007年11月第24次南极考察船队顺利出发奠定了良好的基础。他本人参与了第24次南极考察，担任领队助理、"雪龙"船政委、党办主任并协助驾驶值班。

（三）第25次南极考察

第25次南极考察期间，汪海浪担任考察队领队助理、"雪龙"船政委。到达中山站海域进行冰上卸货期间，他在驾驶台认真值守，全面掌握冰上卸货情况，并第一时间观测发现"雪龙"船船头100米处正在执行冰上作业的雪地车坠入冰洞，及时发布了救援信息，为挽救随车坠海人员的生命赢得了宝贵时间。

（四）第31次南极考察

中山站度夏期间，科考人员在距离中山站18千米处执行科研作业时，不慎掉入冰缝。得知消息后，汪海浪第一时间带领队员携带救生设备，乘坐"海豚"直升机赶赴现场。抵达后发现冰缝狭长无边际，深不见底，跌入冰缝的队员处于距离地面高度6米深的凸出部位。冰缝中蓝光反射强烈，救援直升机在悬停的状态下实施营救，艰难但圆满地完成了南极冰盖地区救援工作。

（五）具体承担接待实施工作，受到习近平总书记接见

11月18日，习近平总书记在澳大利亚霍巴特港登临视察"雪龙"船并慰问全体考察队员。汪海浪既作为中国第31次南极科学考察队的副领队全程参与了相关活动的组织和布置工作，也作为考察队员特别是极地考察30年的老队员代表，受到习近平总书记的接见。

习近平总书记在看到"极地考察30周年成果展"上1985年国家领导人接见首次南极考察队员的合影照片后，与汪海浪握手交谈，向他仔细询问了当时的考察情况，对极地工作者的拼搏精神表达了高度的肯定与称赞，并叮

嘱：要再为南极事业做出新的贡献！

在习近平总书记结束视察，临下船之际，汪海浪作为本次考察队临时党委成员再次与总书记握手话别。

本次接待工作圆满完成，并得到了外交部、中央警卫局的一致好评。

从1973年进入国家海洋局系统工作至今，汪海浪见证了中国南极事业的蓬勃发展和国家在极地方面的宏伟规划。作为一辈子与极地、与海洋、与船舶打交道的"极地人"，他在退休后仍牢记习近平总书记"要再为南极事业做出新的贡献"的叮嘱，继续在中国极地研究中心参与极地科学考察破冰船的建造工作，希望能够为中国自主建造第一艘极地科考破冰船做出新的贡献！

王硕仁同志先进事迹

王硕仁，男，汉族，江西人，1972年10月出生。毕业于大连海事大学船舶电气自动化管理专业。1997年1月参加工作，中共党员，现任中国极地研究中心"雪龙"船政委，高级工程师。自大学毕业参加工作以来，一直扎根"雪龙"船，参加了17次南极考察和5次北极考察，在"雪龙"船上担任过电机员、系统工程师、大洋调查与实验保障部主任、政委等职务，并在各个岗位上出色地完成了本职工作，受到国家海洋局嘉奖。

（一）忠于职守，任劳任怨，献身极地事业

自1997年毕业以来，王硕仁同志一直工作在"雪龙"船上。在10多年的工作中，他始终服从组织的安排，坚守自己的岗位，任劳任怨，十几年如一日，全身心投入到工作中，其间连续10多年没有与家人一起过春节，家庭也没法照顾。他把自己一生最美好的青春年华奉献给了祖国的极地事业，做到了舍小家，为大家，甘为极地事业做贡献。

（二）立足岗位，尽心尽职，完成任务，为极地事业发展做出了贡献

王硕仁在"雪龙"船上担任过电机员、系统工程师、实验室主任和政委等职务。在这些岗位上，他都能立足岗位职责，尽心尽力地完成各项任务。

1. 钻研业务技能，提升专业技术能力，保证了"雪龙"船电气自动化和电力系统安全稳定运行，保障了"雪龙"船安全运行。特别是在"雪龙"船

"十五"能力改造的自动化设备改造过程中，充分发挥自身专业技术能力，有力保障了能力改造任务的顺利完成。

2. 组建"雪龙"船大洋调查与实验保障部，有力地提升了极地大洋科考保障能力，为国际极地年中国行动（IPY）计划和极地环境资源专项调查等任务的顺利实施做出贡献。

3. 增强服务意识，做好考察队后勤生活保障工作，为考察队创造了一个和谐、稳定、舒适的工作生活环境。

4. 抓好船舶安全管理工作和船员思想教育工作，在船上深入开展"创先争优"活动，充分发挥"雪龙"船党支部的战斗堡垒作用和党员先锋模范作用，有效推动"雪龙"船各项工作开展，有力地保障船舶安全。

5. 参与执行营救受困的俄籍船只"绍卡利斯基院士"号及搜寻马来西亚航空公司MH370客机任务，成绩突出，受到党和国家领导人的亲切接见。

汪大立同志先进事迹

汪大立，男，汉族，1970年8月出生。1992年进入中国极地研究所极地冰川室工作，中共党员，大学本科学历，现任中国极地研究中心高级工程师、极地信息中心副主任。先后参加6次中国南极考察和1次北极考察。

1995年11月至1996年4月，参加中国第12次南极考察，承担环南极大气气溶胶采样工作；1996年11月至1997年4月，参加中国首次南极内陆冰盖考察，承担雪冰考察任务，深入东南极内陆冰盖区330千米；2003年7—9月，参加中国第二次北极考察，承担海冰雷达探测任务，执行长期冰站考察作业；2003年10月至2004年4月，作为中方现场负责人，参加中澳合作的埃默里冰架联合考察，承担现场协调和冰架雷达探测任务，获"国家海洋局先进个人"称号；2008—2009年、2009—2010年，分别参加第25次南极考察队长城站、第26次南极考察队中山站度夏考察，负责并完成这两个考察站的卫星通信和网络系统现场建设任务，彻底改变了极地考察站当时落后的通信状况，被授予"优秀考察队员"称号；2011—2013年，作为第28任中国南极长城站站长，承担并完成为期13个月的长城站越冬考察任务，所带领的南极长城站第28次越冬队获"国家海洋局先进集体"称号，其中一名队员获"国家海洋局先进个人"称号。

（一）参加中国首次内陆冰盖考察

1996—1997年，汪大立同志作为中国第13次南极考察队队员，参加中国首次南极冰盖内陆考察，历时18天，沿东经76°线深入内陆冰盖330千米，到达海拔2350米的高度。现场准备阶段，承担通信导航设备的安装调试、乘员舱及发电舱的组装、野外考察物资的集结等工作。内陆考察期间，进行了冰盖物质平衡、气象、地貌观测，采集了重金属、化学、微粒、稳定同位素等项目分析研究的冰盖表层雪样和高密度雪坑样品，记录了详细的现场考察日志。考察结束后，承担考察报告相关章节的编写和汇总，开展雪冰样品的分样和实验室分析工作，取得了一大批宝贵的分析数据，发表了科研成果。通过这次考察，基本了解了南极冰盖内陆环境情况，检验了车辆、发电、通信、导航、乘员舱等设备在冰盖内陆高海拔严寒条件下的适用性，发现了潜在的问题，掌握了组织大型车队进行综合性、多学科南极内陆考察的第一手资料，为进一步深入冰盖考察积累了经验，为开展中山站至冰穹-A内陆剖面的考察研究打下了基础。

（二）参加中澳合作的埃默里冰架联合考察

2003年10月至2004年4月，作为中方现场负责人，汪大立参加中澳合作的埃默里冰架联合考察，承担与澳方的现场工作协调和中方的现场组织实施工作。2003年10月31日至12月9日，带领队员离开北京赴澳大利亚霍巴特，乘坐澳大利亚"极光"号南极考察船抵达戴维斯站，并接受野外生存训练，其间回到中山站进行冰架考察物资准备和集结工作。2003年12月10—31日，与澳方开展埃默里冰架联合考察，考察期间负责埃默里冰架雷达探测工作，总共获得16条、累计160千米的雷达探测剖面，完成大本营点的高精度全球卫星定位系统定位、跟踪观测和物质平衡观测等工作，获取了冰架钻孔中投放的ADCP海流观测数据。在现场任务的实施过程中，与澳方队员建立了良好的合作关系和工作友情，出色地完成了现场考察任务，达到了预期考察目标。

（三）极地考察通信网络系统建设

汪大立负责并承担极区通信网络系统建设和信息系统开发工作，2005—2010年，承担中国极地考察"十五"能力建设中的考察船、考察站通信网络系统建设任务，负责项目需求分析、系统规划设计、项目协调管理、执行计划制订、现场工程建设等工作。

2006—2007年，在"雪龙"船大规模改造期间，负责船舶通信网络系统建设工作，确立了船舶通信网络基础架构，在船端建立了完善的网络系统、数据采集系统、科考作业管理系统、视频监控系统和船岸数据传输系统。2008—2009年、2009—2010年,分别参加第25次南极考察长城站、第26次南极考察中山站度夏考察,负责并完成这两个考察站的卫星通信系统、交换和路由网络系统、IP语音系统现场建设任务,建立了两站与国内的数据通信和传输通道,使科学观测数据的远程实时传输成为可能;实现了两站与国际互联网的实时接入与访问,彻底改变了长期以来两站落后的通信方式。

通过船、站、国内中心通信网络系统建设,在极地通信领域形成了较为完善的通信网络架构体系和管理体系,为极地考察提供了高效的数据传输和信息化管理手段,使通信网络系统成为极地考察业务化管理的有力技术支撑。

(四)担任第28任中国南极长城站站长

2011—2013年,汪大立作为第28任中国南极长城站站长,承担并完成为期13个月的长城站越冬考察任务。他带领队员安全、顺利地完成了各项科考任务和各类后勤保障工作,圆满完成了多批政府代表团的接待任务。在漫长的越冬生活中,积极营造和谐的越冬生活和工作氛围,注重环境整治,保持良好站容站貌,注重思想教育工作,开展创先争优活动;本着相互尊重、友好合作的原则,有礼有节地开展外事交往活动,积极与国外考察站建立友好合作关系。

赵勇同志先进事迹

赵勇，男，汉族，1966年2月出生，上海人。1986年7月参加工作，中共党员，大专学历。最初在国家海洋局东海分局"向阳红10"号船工作，于1993年赴乌克兰接收"雪龙"船回国，并随"雪龙"船参加了首航南极暨中国第11次南极考察。自2002年起，担任"雪龙"船轮机长一职，并参加了中国第19次、第21次、第22次、第24次和第25次南极考察以及第2次和第3次北极考察。2010年参加中国第27次南极中山站越冬考察，担任中山站站长。2012年结束南极越冬考察回国后，在中国极地研究中心船舶与飞机管理处工作，2013年"雪龙"船恢复性维修改造工程期间担任驻厂代表。现任中国极地研究中心船舶与飞机管理处副处长，高级轮机长。2003年被中国极地研究中心评为"优秀共产党员"，2008年荣立国家海洋局三等功，2009年被国家海洋局嘉奖。

（一）立足本职工作，保障"雪龙"船安全航行

赵勇同志在担任"雪龙"船轮机长期间，连续参加了5次南极考察、2次北极考察，他注重理论与实践相结合，工作认真负责、业务精湛。每次"雪龙"船穿越西风带或在南极遇上大风浪时，他总是坚守在船舶的"心脏"——轮机舱，密切关注所有机器设备的运行状态，做到把故障在萌芽状态下及时消除，保障船舶的航行安全。在执行第22次南极考察任务前，赵勇的母亲被查出患有癌症。他多么想留下来陪伴母亲度过最后的时光，但在"忠孝不能两全"的情况下，他毅然选择了自己所忠于的南极事业，远赴南

极。在南极得知母亲病故后，赵勇只能化悲痛为力量，以满腔热情投入到工作中。在赵勇担任"雪龙"船轮机长期间，没有因为机器设备故障而耽误"雪龙"船的正常航行，他带领的"雪龙"船轮机部门人员团结一致、埋头苦干，为"雪龙"船一次次极地考察任务的圆满完成提供了有力的保障，他也因此在南极考察中多次被评为先进，并荣立三等功。

（二）恪守站长职责，确保越冬考察任务完成

赵勇从"雪龙"船调任后，在极地研究中心筹办的考察运行部工作。当他得知要进行第27次南极考察的站长选拔时，怀着对南极事业的无限激情，毅然报名参加。

在担任南极中山站站长期间，赵勇一上任便立即组织越冬队员发挥主观能动性，发扬敢于拼搏的"南极精神"，积极投入到工作中。在卸货期间，他不顾复发的脚疾，始终坚持在第一线，以共产党员的作风，顽强拼搏，积极创新，有时甚至工作至凌晨3点，早上8点又继续工作。正是通过这样艰辛的努力，保障了各种物资的顺利转运和入库，为度夏及越冬期间队员的生活保障打下了良好的基础。

在南极中山站工作生活长达15个月的时间里，赵勇带领队员们克服极昼与极夜带来的困扰，克服狂风暴雪和极端严寒。在远离祖国和亲人，生活环境极为封闭的情况下，他组织队员们开展了丰富多彩的娱乐活动，加强了队员之间的交流，对融洽队员关系起到了十分重要的作用。此外，赵勇组织队员们每周举办一次《中山大讲堂》，由每位队员轮流主讲，丰富队员知识，开拓队员视野，充实队员生活。同时，为了向国内即时传达中山站越冬队员的良好精神面貌，他带领第27次越冬队创办了越冬队报——《中山生活》周刊，获得了队员与国内主管单位的一致好评。通过以上活动的安排与开展，队员的越冬生活得以充实丰富，使情绪得到抒发与放松、团队精神得到加强，从而有效地帮助队员们顺利度过越冬期，抵御住各种困难的考验，圆满完成各项越冬考察任务。

在南极中山站越冬考察的日子里，赵勇坚持每天写日记、发博客文章，记录他和队友们在南极的工作和生活情况，解答广大网友对南极充满好奇的各种问题。在进行科普的同时，他通过丰富的文字、精彩的图片，向全国人

民展现了考察队员在南极的工作情况，让广大网友了解南极、了解我国的南极考察，并用几百篇博客文章、数千张照片向人们介绍了一个个鲜为人知、可歌可泣的南极考察队员的感人故事，在一定程度上扩大了南极事业的影响力，增强了公众对南极的关注度，取得了广泛的社会宣传效果。赵勇也收获了诸多网友的热情回复和支持，更被网友亲切地称为"南极哥"。

赵勇带领的第27次南极中山站越冬队圆满完成各项越冬考察任务并与新一批考察队交班，而他继续留在中山站协助第28次考察队工作。在海冰区卸货期间，面对雪地车在海冰上驶过条条冰裂缝的危险，他临危不惧，带头驾驶雪地车运输物资。在海冰融化，小艇无法通过密集浮冰区，中山站油料告急的情况下，赵勇亲自带领"雪龙"船的几名船员驾驶小艇，在浮冰区探路，曾被困一天一夜，吃喝只能靠直升机空投。正是因为他的执着和拼搏，最终在浮冰区硬是探索出一条航道，成功向中山站运送了油料。

不管是作为"雪龙"船轮机长，还是南极考察站站长，赵勇都用自己的实际行动，践行了"南极精神"的本质，履行了一名南极考察队员的责任和义务，为我国极地事业发展做出了积极贡献。

徐挺同志先进事迹

徐挺，男，汉族，浙江诸暨人，1970年9月出生，1990年8月参加工作，2001年1月加入中国共产党，上海机械学院动力学院制冷设备及低温技术专业毕业。现为中国极地研究中心高级工程师、人事处处长、党委委员。

徐挺同志于1990年加入当时刚成立的中国极地研究所（后改称"中国极地研究中心"），从事极地工作，至今已有20多年，在极地超低温实验室的建设、极地人才队伍建设等方面做出了积极贡献。曾于2003年7—9月参加中国第2次北极科学考察，任领队及首席科学家助理；2010年11月至2011年11月参加中国第27次南极考察，任长城站站长、党支部书记；2013年11月至2014年4月，参加中国第30次南极考察，任副领队、党办主任、综合队队长。曾荣立国家海洋局二等功1次，被评为"优秀考察队员"3次、"极地中心优秀工作者"10余次。

（一）积极协调，全面保障第2次北极考察

作为第2次北极科学考察的领队及首席科学家助理，徐挺同志积极协调、团结协作，充分保障了各项科考任务和国际交流合作的圆满完成。第2次北极考察，是标志我国北极现场考察工作达到国际先进水平的一次极具创新性的考察。考察队围绕两大科学主题，开展了7个方面的现场调查工作。徐挺同志从航前准备、航段任务到现场实际调查，从制定考察队现场实施方案到为每位队员排忧解难，工作面面俱到，全力做好各项沟通协调工作，保障每个科

考项目顺利实施、每名科考队员顺利开展现场调查工作。

（二）出色完成第27次南极考察长城站各项工作，接待国家领导人和政府视察慰问团

作为第27次南极考察长城站站长、党支部书记，徐挺同志缜密安排，带领全体长城站度夏、越冬队员出色完成了9项度夏科考任务、8项度夏后勤保障任务；完成了国家领导人及政府视察慰问团等接待任务；促进站务工作有效开展，安全、环保、外事工作进一步加强；开展全站环境整治，进行设备、物资和备品备件清理，室内外环境大为改善；以安全、健康、和谐为主旋律，顺利完成年度越冬工作。

为接待中央政治局委员、国务委员刘延东同志率领的视察慰问团，徐挺同志作为站长，付出了辛勤努力，做了大量卓有成效的工作，出色完成了接待工作任务，确保了国家领导人视察慰问南极工作取得圆满成功。由于在本次接待工作中表现出色，徐挺同志荣立国家海洋局二等功。

（三）再赴南极，共谱第30次南极考察的传奇

第30次南极考察备受瞩目，多次得到党和国家领导人的亲切关怀和批示，完成了30项科考任务、15项后勤保障任务；首次完成环南极航行，并成功救援了俄罗斯被困船只，参与搜寻马来西亚航空公司失联客机等。徐挺同志作为此次考察队副领队、党办主任、综合队队长，不仅在各项考察业务、行政党务工作中起到重要作用，还多次在现场处理重大事件时发挥关键作用。

1.冒着生命危险，率队直入被困俄罗斯船只周边海冰区，现场指挥、成功救援。

"雪龙"号首次环南极考察期间，突然接到俄籍船只"绍卡利斯基院士"号发来的最高等级求救信号。"雪龙"号千里驰援，到达离被困船只6.1海里处时，因厚冰阻碍，难以继续靠近。经考察队临时党委研究决定，由徐挺同志全权负责俄罗斯船只的现场营救工作。

徐挺同志勇挑重担，设计了详细、缜密可行的现场营救方案，并从考察队中选拔了熟悉极地现场的10名骨干，组成现场营救小分队。他冒着生命危险，率队亲赴被困船只周边冰区，并进行现场指挥。大家在被困船只附近，利用木板巧妙搭建临时停机坪，使直升机得以顺利降落，这也是整个救援任

务的核心环节。在徐挺同志的现场指挥下，小分队搭建完直升机停机坪，又在现场展开各项疏散和救助工作，最终成功将俄籍"绍卡利斯基院士"号上的52名乘客营救到澳大利亚"南极光"号船上，顺利完成南极大救援。

2.积极协调，团结协作，确保"雪龙"号成功自行脱困。

在成功救援"绍卡利斯基院士"号后，受南极恶劣多变的气候影响，"雪龙"号也被困受阻。在此情况下，"雪龙"号的安危受到国内外高度关注。作为临时党委成员、副领队、党办主任，徐挺同志既要与临时党委成员和国内及现场气象专家做好气候条件的分析研判，又要及时向国家海洋局上报现场情况，做好宣传报道、舆论引导和队员情绪引导。徐挺同志团结全体成员，经过13个小时百折不挠的艰难破冰，成功实现"雪龙"号自行脱困。

3.发扬"南极精神"，投入搜寻马来西亚航空公司失联客机任务。

2014年3月31日，考察队接到紧急命令：奔赴西风带海域执行搜寻马来西亚航空公司失联客机的任务，并由"雪龙"号临时担任中方现场指挥船。考察队员们已执行了5个多月的海上考察任务，此时身心俱疲。徐挺作为副领队、党办主任，积极做好队员的思想引导工作和下船队员安置工作，配合领队沉着指挥"雪龙"号进行紧急补给。在克服多重困难的情况下，考察队暨"雪龙"号驶往目标海域，进行了为期10天的搜寻，共航行214个小时，总航程2660海里，总搜寻面积1.17万平方海里。

（四）长期投身于极地中心人才队伍和体制机制建设

徐挺同志长期从事极地人才队伍和体制机制建设，作为主要参与人，在极地研究中心发展壮大的过程中做出了较大贡献：配合国家海洋局人事司、协助本单位领导，解决了极地研究中心在中央机构编制委员会办公室长期没有"立户"的问题；通过积极沟通，使极地研究中心的人员编制得到增编，从50人增加到230人，员工从成立初期的50余人发展壮大到现在近300人；新设立了科研、业务、保障处室12个；设立了具有独立招生资格的博士后工作站。

汤妙昌同志先进事迹

汤妙昌，男，汉族，1945年5月出生。1965年入伍，中共党员。曾任南海舰队护卫舰副航海长，中国极地研究所（后改称"中国极地研究中心"）基建组负责人、条件保证处副处长、办公室主任等职务，现已退休。2004年荣获中国极地研究中心"十佳考察队员"称号，多次被评为"优秀共产党员"。

1984年，汤妙昌同志参加中国极地研究所的筹建工作。

1985年，他参与完成极地研究所的建设征地任务、6户居民房拆迁、40多位征地农民工的安置等开工前期准备工作。这些工作牵涉面广、政策性强、时间紧，难度很大，但汤妙昌积极沟通、主动联系，不分日夜地和大家一起努力，不仅全面完成任务，还节省了几百万元的征地费、居民房拆迁费和农民工安置费，使有限的基建投资得到了更充分利用。

极地研究所施工期间，汤妙昌在国家海洋局等单位领导的支持下，及时完成了钢材、木料、水泥等建筑材料的筹备，特别是100多个品种、规格的钢材，确保了大楼、低温实验室等建筑的顺利施工。当时建筑材料的市场价格非常昂贵，而且全部计划供给。因施工队是外省的，无法筹集到所有规格的材料，绝大部分都要由极地研究所自行筹备。在施工期紧张的压力下，汤妙昌和筹建处人员积极主动地四处联系，克服了诸多困难，不仅按时、按质、按量地完成了任务，而且节约了大量经费。

在极地研究所筹建阶段，虽然不具备迎送考察队的条件，但汤妙昌仍克服困难、创造条件，多次协助完成南极考察队"极地"号、"雪龙"号科考船在上海的物资补给、启程和凯旋的迎送组织工作。

汤妙昌还参与完成"雪龙"号从国家海洋局东海分局编制移交极地研究所的接收工作。为保障"雪龙"号船员在编制移交后首次执行南极考察任务，他按照极地研究所领导的安排，帮助解决部分船员子女入托、入学、升学、家属工作调整、就医和住房维修等问题，解除出海船员的后顾之忧。

极地研究所成立初期，汤妙昌协助领导制定了各种规章制度20多项，并参与完成极地研究所升级为"国家二级档案管理标准"单位的工作，获得极地研究所年度科技二等奖。

2005年，汤妙昌光荣退休。他充分利用退休后的闲暇时间，进行"走进南极、了解南极、保护地球家园"及中国南极考察队员"团结、拼搏、爱国、奉献"精神为主题的宣传，至今已向上海市和外省市的部分机关团体企业、党校、大学图书馆、公安武警部队、大中小学等单位以及残疾群体、劳教人员进行了228场宣讲（包括退休前），受到高度好评，更重要的是让更多的人进一步了解"为什么要进行南极科学考察"以及中国南极考察队员的奉献精神和辉煌业绩，并且提高了大家的环保意识。

同时，汤妙昌利用当今互联网的便捷条件，将在南极工作时拍摄的图片和有关南极的科普资料进行整理，制作了图文、音乐并茂的《老汤南极梦》系列宣传片。这些南极题材的作品播出后反响很大。

汤妙昌还结合形势制作了"纪念中国抗日战争暨世界反法西斯战争胜利70周年""不能忘记的纪念""我心中的歌"等系列宣传材料向社会宣传。

极地宣讲花费了汤妙昌很多时间、精力和财力，但他热爱极地事业、认定这项事业的意义和社会潜力，也得到夫人的理解和支持。虽然退休离开了考察第一线，但有将近50年党龄的汤妙昌，有志将这项活动进行下去，在有生之年继续为极地事业做点事，让更多的人特别是学生，在内心种下"正能量"，从小学习、树立、发扬"南极精神"，为社会进步和国家强盛做出自己的努力。

姚毅敏同志先进事迹

姚毅敏，男，汉族，1956年4月出生。1976年参加工作，中共党员，曾任中国极地研究中心考察保障部处长，现已退休。2006年、2007年、2010年和2011年度被评为"先进工作者"，2009年荣获中国极地研究中心20年创业贡献奖，2015年荣获中国极地研究中心突出贡献奖。

姚毅敏同志于1986年10月进入中国极地研究所（后改称"中国极地研究中心"）筹建处工作，长期从事基建、后勤保障及开发创收工作，先后任职于条件保证处、开发处、国内基地管理处和考察保障部。30年来，他主要负责南北极考察历次考察队后勤保障工作；全程参与了国内基地建设的规划、土地划拨办理、工程建设管理等工作；参与了社会赞助和捐赠策划等工作。他在履行职能中，牢记廉洁自律的各项规定，严格按程序办事，自觉接受监督，始终保持艰苦奋斗的作风，廉洁奉公，勤政谋事，为极地事业的发展做出了贡献。

考察保障工作。在条件保证处、考察保障部工作期间，姚毅敏圆满完成了历次南北极考察队出航、返航的后勤保障工作。面对繁重、复杂的考察保障任务，他事先都能根据任务需求，制订详细的实施计划。特别是2007年，中国第24次南极考察队要从国内新建基地码头出发，由他负责码头出进关边检、海关、海事、卫生检疫等口岸手续的协调办理；站、船物资的装箱和装卸船工作；危险品物资分类把关；考察队员个人服装的配备、发放等后勤保障工作。姚毅敏带领全体同志，齐心协力，克服困难，认真落实安全措施，确保了考察保障服务的顺利进行。对所承担的国内基地的各项管理工作，他也能做到有条不紊，出色地完成了上级交办的各项任务。

国内基地建设工程。从2001年启动基地码头选址、规划、环评、海事通航论证、岸线使用许可、土地征用划拨等工作。面对这些繁杂而艰巨的任务，姚毅敏通过精心策划和努力实施，实现了国内基地划拨土地约20万平方米，长江岸线270米，码头岸线250米，土地征用费用节约了623.10万元。基地主码头工程于2006年开工建设，2007年建成试运行。项目获得了上海市水工质量最高奖"申港杯"。2008年6月，取得了交通运输部颁发的港口设施保安符合证书，码头具备了对外开放口岸的各项条件。工程结算总价为4535.6349万元，与国家发展改革委批复概算4760.56万元相比，节省投资224.9251万元。长江水域圈围工程、陆域道路、场地、变电站、雨水泵房、仓库、续建工作船码头、基地环境绿化等国内基地建设项目陆续完成，工程实现了质量可靠、安全无事故、按期完成、投资控制不超概算的佳绩。为实现国内基地配套和外部道路、天然气、自来水、供电、通信、网络、雨水管、污水管衔接，姚毅敏主动与政府部门联系，寻求支持。经不懈努力，2012年浦东新区批准了配套道路工程项目，投资1.82亿元，于2016年4月建成"雪龙路"，为基地后续建设奠定了基础。中国极地考察国内基地从"白图"到蓝图，从蓝图到现实，为极地事业的发展提供了强有力的支撑与保障。

开发创收、社会赞助及捐赠工作。为弥补事业经费不足，保证人才队伍的稳定，姚毅敏充分利用南极品牌资源，开拓市场。在任开发处长履行职务期间，他积极动脑筋，挖潜力，争取政策支持。为充分发挥基地码头资源效率，及时办理了港口经营许可证，为各种社会船舶靠泊提供服务。2008年，他在国家工商总局注册了"中国南北极考察特殊标志"商标，既宣传了中国南北极考察事业，又通过市场为极地事业获得资金和实物资助与捐赠，为极地高级特殊人才引进，稳定"雪龙"号船员队伍、改善中心职工福利发挥了重要作用。

高立宝同志先进事迹

高立宝，男，1980年11月出生于河北省唐山市，2004年大学毕业于中国海洋大学海洋环境学院，2007年硕士研究生毕业于国家海洋局第一海洋研究所物理海洋专业，目前在国家海洋局第一海洋研究所海洋与气候研究中心工作，在职博士就读于中国海洋大学物理海洋专业。主要从事极地物理海洋学的观测和研究工作，为国家极地专项"十二五"的顺利实施做出了比较突出的贡献。曾经承担和正在承担与极地相关的科研项目12项，包括国家海洋局青年基金、国家自然科学基金、极地对外合作项目、南北极环境与资源潜力评估专项项目、基本科研业务费项目等。作为骨干成员参加的项目主要有国家重大基金项目、科技部国际合作重点项目、国家重大基础研究发展规划项目（"973"项目）等。研究成果比较丰富，发表和投稿学术论文20余篇，其中SCI论文5篇；另外还有待投稿论文4篇，在海洋出版社出版图书2部，获发明专利、实用新型专利、软件著作权各1项。

（一）科研工作方面取得了较好的工作成果

1. 利用漂流浮标等资料，对太平洋低纬度西边界流和涡旋给出了三维结构描述，给出了棉兰老涡和哈马黑拉涡涡旋强度的季节变化和垂直变化，揭示了棉兰老涡强度具有较弱季节变化特征的原因。

2. 利用Argos资料和风场分析了南极绕极流的空间分布特征及其季节变化规律。从平均动能、涡动能量等角度进一步认识了南极绕极流的强度变化和能量耗散。

3. 利用观测资料和理论模型，通过研究海表面高度的季节循环，探讨了阿拉伯海、孟加拉湾、南海的动力变异过程。揭示了各个海盆的动力控制因子，为模式及动力计算的因子选取提供了可靠依据。

4. 揭示出热带印度洋海区降水年际变化的主要特征；分析了年际降水变化特征的形成机理，从机制上认识了热带印度洋海区降水年际变化的形成原因。

5. 通过卫星资料，发现中高纬度的南大洋同样存在季节内震荡（ISO）现象。研究了ISO在大气、海洋以及海洋次表层中的时空演变规律，分别从动力学和热力学角度研究ISO在南大洋中的形成机制以及演变过程。这一现象的发现有助于将ISO拓展到更加广义的地域范围，为南大洋海气相互作用的研究开辟新的领域。

6. 根据国家海洋局应对气候变化工作的发展需求，第一海洋研究所海洋与气候研究中心建立了实时监测全球主要气候系统变化和预测的业务化值班制度，高立宝同志主要负责南、北两极海冰状况的监测与分析，会同其他业务化值班人员向国家海洋局提交全球主要气候系统的监测分析月报。

7. 利用Argo浮标资料研究了亚南极模态水和南极中层水的形成与分布特征，揭示了南极模态水的长期变化趋势及其成因。

8. 揭示了印度洋偶极子在热带东印度洋引起的降水的空降不对称性，给出了背景降水场在其中的主导作用。该不对称性可以引起海洋上层盐度层结构的变化，还对印度尼西亚苏门答腊岛的防火减灾和盐业生产起到指导作用。

9. 使用1993—2011年在塔斯马尼亚以南区域收集的14个南半球夏季航次的观测数据，调查了表层CO_2逸度对南大洋环状模趋势转变的响应。发现SAM趋势转变对PZ和PFZ的表层fCO_2趋势有重要影响，但对SAZ没有影响，主要与区域海洋过程有关。

10. 利用CTD站位资料、潜标资料和海豹传感器资料对绕极深层水（CDW）在普里兹湾的入侵进行了综合分析。分析发现，CDW入侵具有明显的季节变换：夏季融冰期间，入侵非常强，温度振幅达到0.6℃以上；而冬季结冰期间，CDW没有明显的入侵现象，主要与混合层厚度变换相关。

（二）为我国极地科学考察事业发展做出贡献

1. 分别于2008年、2012年和2014年参加了3次南极科学考察，负责南大洋锋面观测和普里兹湾环流调查，首次在西风带成功完成了探空仪的释放作业任务，参与并见证了我国首个南极内陆站落成和第四个南极考察站的选址工作，并在第29航次考察中担任大洋队副队长职务。经过几年的沉淀，高立宝同志变得更加成熟和坚强，未来的研究方向还会和南极紧密相连。相信在不久的将来，他还会再次踏上南极科学考察的征程。

2. 积极参与极地专项的编写、投标、任务分配等事宜，是极地专项"南极周边及其邻近海域物理海洋和海洋气象考察"项目的负责人。作为几次南极大洋考察实施方案和项目任务调整的主要负责人之一，为我国极地考察的顺利实施做出了贡献。

3. 承担了中国第28次、第29次、第30次、第31次和第32次南极科学考察物理海洋考察站位及潜标观测的设计、准备、实施等任务。在南极首次进行潜标系统的布放和回收，取得了很好的观测结果，为南极普里兹湾环流结构的分析奠定了基础。目前，在南极已经布放和回收潜标13套，回收成功率喜人。

（三）积极开展实质性的国际交流与合作

1. 开展中澳合作。基于中澳国际合作的需求，高立宝同志于2012年前往澳大利亚南大洋气候与生态合作中心（ACE/CRC）进行为期3个月的交流学习。通过与澳大利亚物理海洋首席科学家Steve Rintoul的交流和学习，利用Argo资料对南大洋亚南极模态水的长期变化趋势进行了深入研究，目前已经完成论文"Subantarctic Mode Water subduction in the Southern Ocean during the last decade"。结合澳方和中方在南极普里兹湾的资料积累，他详细分析历史资料，学习了澳方海豹传感器的使用，以弥补国内极地观测的不足。

2. 组织首届中澳双边研讨会。高立宝同志在访问期间，与塔斯马尼亚大学（Utas）、澳大利亚南极局（AAD）以及澳大利亚联邦科学与工业研究组织（SCIRO）的科学家展开交流，双方商定轮流举办"中国—澳大利亚极地科学研讨会"。这是我国极地科学研究迈向国际领域的重要举措，有利于扩大我国极地海洋工作的国际影响力，有助于进一步推动我国在极地研究领域的工作迈向更高的高度。

3. 开展中美合作。从2011年开始，与美国哥伦比亚大学合作在普里兹湾进行潜标观测，目前已经布放多套观测系统并得到了很好的观测效果。

4. 邀请国外专家交流互访。邀请澳大利亚塔斯马尼亚大学的Guy Williams教授来国家海洋局第一海洋研究所作报告（2013年9月6—11日），并与Guy合作研究普里兹湾的环流结构及水交换，学术成果有望在国际SCI杂志发表。邀请美国哥伦比亚大学的华裔学者来访（2013年8月22—25日），主要合作分析普里兹湾的潜标数据及未来的观测计划。2013年11月还邀请了澳大利亚学者Mark Hindell来访，交流海豹传感器的应用和数据分析。这都有助于我国迈向极地科学研究的最前沿。

5. 受邀为塔斯马尼亚大学的客座研究学者。2013年6月，塔斯马尼亚大学发来邀请函，特邀高立宝同志作为该大学南大洋气候与生态合作中心的客座研究学者，这将对双方的合作和交流有很好的推动作用。

6. 组织南极普里兹湾研究与观测专题研讨会。2015年10月8—9日，高立宝同志负责与中国海洋大学共同组织"南极普里兹湾研究与观测专题研讨会"，有来自国内外的30多位专家参会，针对普里兹湾的观测、模拟和研究进行了交流，在多个国际前沿问题上取得重要进展。

丛凯同志先进事迹

丛凯，男，汉族，1947年12月出生。1972年进入国家海洋局第一海洋研究所工作，中共党员，高级工程师，现已退休。

丛凯同志深刻理解党的路线和方针政策，业务上刻苦钻研，勇于创新，不断提高技术水平，创造佳绩。曾被评为"国家海洋局新长征突击手"，荣立大功1次、三等功1次，获国家海洋局通报表扬1次，2003年被国家海洋局授予"先进工作者"荣誉称号。

丛凯同志曾参加南极考察越冬2次、度夏10次，曾任机械师、发电班长、副站长和环境官等职务，为我国南极考察做出了重要贡献。他在水、暖、电、机械方面有较高造诣，自行设计的自取水系统和余热利用工程系统得到国际同行专家的好评，其成果在2004年第14届国际南极后勤研讨会上发表并收编在《COMN-AP》论文集中。在2004年第21次南极考察项目中，由他首次提出并实现了中山站水系统的计算机自动监控，受到了一致好评。丛凯作为我国专家，多次参加南极环境保护国际合作，担任国际南极能源管理工作组中方专家，并成功地将他设计的太阳能系统在南极试用。在国际合作中，他事事处处注意维护国家利益，与友好国家的同行保持良好的合作关系，得到合作国专家的好评和称赞，提高了我国在南极考察领域的国际地位。2004

年，他作为国家"十五"重点项目"南极考察站扩建改造可行性研究"专家组副组长，完成了南极站后勤保障系统的方案设计和论证工作，通过了国家验收。

丛凯同志热爱南极事业，有强烈的事业心和责任感，业务上精益求精，时时事事严格要求自己，吃苦在前，任劳任怨，勤奋工作，是一名优秀的极地工作者。

王自磐同志先进事迹

王自磐，男，汉族，1945年1月出生。1968年毕业于南开大学生物系，1969年参加工作，中共党员。曾任国家海洋局第二海洋研究所研究室副主任，研究员；兼任武汉大学、德国耶拿大学兼职教授，博士生导师，中国海洋大学极地海洋过程与全球海洋变化重点实验室学术委员。2006年退休。1989年荣立国家海洋局三等功。

王自磐同志从事海洋与极地工作39年，投身极地事业33年，17次赴极地，2次越冬，兢兢业业，忘我工作；他表里如一，坚持党性，克己奉公，几十年如一日，为我国极地事业倾注了毕生精力和心血，成绩显著，贡献突出。

王自磐先后承担一系列国家自然科学基金、极地专项和国际合作任务。主持完成"南极海洋浮游动物环境生理学研究""人类活动对南极海鸟生态影响""南极海岛粪土分子地层学与环境有机污染踪迹"等研究，其成果具有开创性，研究水平居国际前列，在国内外一级学术刊物发表极地论文70余篇。

作为中德两国极地合作的开拓者，王自磐积极推荐国内青年科技人员赴德深造。他因渊博的学科知识和对极地环境生态富有成效的研究，而被德国耶拿大学聘为兼职教授和博士生导师，联培硕士、博士生10余人。2008年5月，德国AWI极地所所长K. Lochte院士发专函，致谢王自磐20年来在推进中德极地合作和青年人才培养方面的突出贡献。

参加南极中山站建站时，王自磐不惧跌落冰海的危险，带领探险组在冰面探索通道。当时发生了特大冰崩，要从浮冰区疏散人员，他主动协助组织队员安全撤离。王自磐以高度负责的精神，依据海潮生态知识，实地调研，以科学依据建议中山站主体建筑从海滩搬迁至安全新址。在参加第3次南极考察期间，他与队友一起出色完成试捕南极磷虾的任务后，又挑灯夜战，完成《极地之声》报的报道编写，内容丰富多彩，深受欢迎。

在中国第20次南极考察期间，长城站附近发生暴风雪，导致韩国考察队出现艇毁人亡事件。王自磐不顾年迈，临危不惧，带领队员冲向暴风雪展开搜救，体现出老共产党员敢于担当和身先士卒的本色，并积极、妥善地处置了这一国际突发事件，为国家争得声誉。

1985年，王自磐结束了在澳大利亚和南极的工作。尽管实行费用包干制，他回国时还是毫不犹豫地将国外银行存款利息和结余款约3400美元全部上交国库。

王自磐致力于南极环境保护，先后提交5份南极环境调研报告，并编写《南极环境保护教材》，提供极地部门使用。2001年1月在长城站考察期间，王自磐作为首席科学家，倡导并主持中国首次南极现场"环境生态保护"国际会议，达成区域环保合作，为我国赢得良好声誉。他积极参与促成阿曼达湾CEP-ASP169南极特别保护区的创立，结束了我国南极特别生态保护区零申报的历史。

作为资深极地专家，王自磐退休后继续承担国家"极地科学考察术语""极地动植物和环境保护规程"及"极地国家标准"等的制定与审定。积极开发极地文创，出版《南极终极之旅》《救险，南极》《情系东南极》等8部主题作品，逾百万字；并在12家杂志发表极地科普文章上百篇。应邀赴全国各地进行"南极中国梦"主题演讲150余场。在中央电视台、中国教育网等专栏节目宣传我国极地事业和"南极精神"。王自磐始终关注两岸和平与统一，2008年9月，遵照有关领导统一部署，积极促成"雪龙"号成功访问台湾地区，为推进两岸极地科考合作做出重要贡献。

杨绪林同志先进事迹

杨绪林，男，汉族，1951年7月出生，中共党员，福建厦门人。1969年入伍，1975年进入厦门大学海洋学院学习，1978年8月进入国家海洋局第三海洋研究所工作，曾任国家海洋局海洋－大气化学与全球变化重点实验室书记，工程技术带头人。于2011年7月退休。1973年荣立集体三等功1次，1997年被评为"厦门市直机关优秀党员"。

杨绪林同志是我国极区海洋大气化学研究领域的创建人之一，长期以来一直从事和承担海洋化学、大气化学和技术开发研究工作，为发展海洋－大气化学研究技术平台建设做出重要贡献。他为我国极地气溶胶化学调查进行了开拓性研究工作，曾参加4次南极考察、2次北极科学考察活动，积累了丰富的现场实践经验，锻炼了分析和解决问题的能力，为发展我国的极地观测工程技术和极地科学做出重要贡献。

30年来，他先后执行和参加"中国首次南极考察气溶胶观测"课题，"南大洋气溶胶特征"观测研究、国家科技专项"中国首次北极科学考察"、国家攻关项目"南极地区对全球变化的响应和反馈作用研究"的气溶胶化学研究、国家重点自然科学基金"白令海与西北冰洋碳通量及其对北极快速变化的响应"等25项国家科技专项、国家重点项目和国家重点自然科学基金项目。发表了40多篇论文，其中在《中国科学》发表了2篇文章（分别为第二作者和第四作者），在《海洋学报》英文版发表了1篇；撰写的论文《环球海洋大气气溶胶化学研究Ⅱ、来源示踪元素的特征》获得了中国海洋湖沼学会优秀论文（1991—1993年度，第三名）。所参加的国家科技专项项目"中国首次北极科学考察"和国家重点攻关项目"南极在全球变化中的作用与反馈作用研究"先后获得国家海洋局创新一等奖，"极区大气气溶胶和温室气体本底特征及其环境和气候效应研究"获海洋工程科学技术奖一等奖，参与主持的"北冰洋海洋碳循环观测工程技术及其应用研究"获2011年度海洋工程技术奖，"大洋上空气溶胶化学特征调查研究"获1995年度国家海洋局科技进步三等奖（第二名）。

杨绪林同志热爱南极事业，把毕生精力投入其中。从1985年起，他就积极参与首次南极考察工作，1986年亲自参加了我国第3次南极考察及环球考察，此后参加了第8次、第14次和第18次南极考察，并在第14次考察中参加中山站的越冬工作。他不论是在大陆考察，还是在大洋调查中，都能发扬不怕苦、不怕累、勇于拼搏的精神，充分发挥了一个共产党员的先锋模范作用。尤其在第3次中国南极考察的中山站建站工作中，他在时间紧、任务重、机械设备不足的情况下，7天7夜没有休息，为中山站的建成做出重要贡献。

杨绪林同志在历次极地考察中，均表现得十分突出，多次受到临时党委及领队的表扬和嘉奖。同时，他在极地考察中能团结同志，一起努力，圆满完成预定任务。

孙福臣同志先进事迹

孙福臣，男，汉族，1955年7月出生，中共党员。1974—1980年在国家海洋局东海分局服役，1980—1983年在国家海洋局通信总站工作，1983—1999年在国家海洋局指挥中心工作，1999—2015年在国家海洋局海监总队工作，2015年退休。1985年被国家南极考察委员会记三等功1次。

孙福臣同志于1984年10月参加中国首次南极考察队，任通信班报务员。同年年底与全班同志配合，经多次试验，在南极乔治王岛，以短波单边带话的方式实现了与祖国首都北京较为固定的通信联络。1985年2月，中国南极长城站建成后，孙福臣临时受命与其他7名同志组成首次越冬队。他们克服重重困难，于1985年12月顺利完成越冬任务。

1990年11月至1992年4月，孙福臣参加了中国第7次南极考察队，在中国南极中山站越冬，负责通信工作，任越冬队党支部副书记，协助站长管理中山站日常工作。在南极的夏季，由于气候原因，中山站附近海水未融开，"极地"号考察船只能用直升机为中山站补充少量生活必需品，其他物资未能卸到站上。中山站夏季考察结束后，站上20名越冬队员群策群力，利用站上剩余物资和废弃包装箱板等材料，搭建了两栋科考观测房，保障了中山站后续科考计划的实施。在漫长的冬季，考察队员相互信任、团结协作，变不利为动力，克服困难，圆满完成了越冬工作。

2003年12月至2005年1月，孙福臣参加中国第20次南极考察队，任长城站站长。长城站考察队员到站当日（2003年12月6日），南极乔治王岛天气突变，韩国考察站小艇遭遇暴风雪袭击失踪。乔治王岛地区的各国考察站、船只、飞机进行了陆、海、空联合搜救。至12月8日晚搜救结束，韩国考察队员7人获救，1人不幸遇难。在这次国际大救援中，长城站发挥了组织、协调作用，并参与了具体搜救工作，得到韩国考察站的信任和各友邻站的好评。2004年1月10日，以韩国政务院调整官朴奇镭为团长的韩国政府南极视察团，正式访问中国南极长城站，并代表韩国政府和人民，向中国长城站、向中国人民致以深切的谢意。在韩方赠送的纪念2003年12月暴风雪搜救事件的精美圆形铭牌上写道：谨以此牌铭记并感谢中国长城站在乔治王岛救援失踪韩国科学家的事件中所尽的努力和奉献。

长城站是中国在南极的窗口，在抓好科考工作的同时，孙福臣带领考察队员，利用闲暇时间，对长城站站区外的环境进行清理，彻底改变了长城站站区周围的面貌，受到各相邻考察站和到访人士的好评。

自1984年12月，国家海洋局北京海岸电台与中国南极长城站建立短波通话开始，至1999年北京海岸电台撤销的15年间，孙福臣承担了中国南极长城站、中山站、"极地"船和"雪龙"船的通信保障工作。作为这一时期的报务主任、台长，他为之倾注了大量心血，做出突出贡献。

唐玉友同志先进事迹

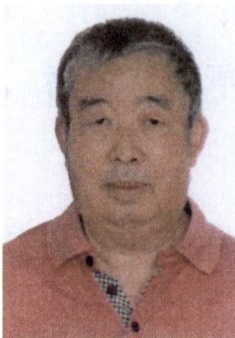

唐玉友，男，汉族，1949年8月出生。1968年入伍，中共党员，1979年在国家海洋局机要处工作，2000年退休。1985年荣立国家海洋局二等功，1997年被中共中央办公厅记一等功。

1984年10月，我国首次派船赴南极执行科学考察与建站工作。当时供职于国家海洋局机要处的唐玉友同志作为登陆队队员，以通信员身份执行此次任务。

唐玉友承担的主要任务是负责南极与国内来往电报和新闻稿件的译电，工作量非常大，条件非常艰苦。登陆以后，他与登陆队队长同住在一个10平方米的充气帐篷里，就是这样一个小小的帐篷，既是卧室又是工作间，既没有办公桌也没有工作台。工作时，唐玉友只能坐在一个小凳子上，双腿充当键盘架，机器直接摆在地上，左手手持文件稿，右手敲键盘。当时国内各大媒体纷纷派出记者参加此次任务，所以每天都有大量的新闻稿件要发回国内（20世纪80年代初期是没有文字传真机的，只有把稿件翻译成数码，再通过报务员发到北京）。就是在这样艰苦的工作条件下，不到两个月的时间里，唐玉友一个人完成了近40万字的来往电报和新闻稿件的译电工作，很好地保障了国内对南极考察与建站工作的指挥与信息的传递，保障了各大媒体新闻稿件的及时传递，也保障了国内对我国首次南极考察与建站工作的宣传报道。

科考船刚到目的地时，每个人的本职工作要放到次要位置，首要任务是抢时间卸运建站物资。只要天气好，就要不分昼夜搬卸物资，但越是在这种情况下新闻稿件越多，而且要向国内报告情况的电报也多。为了能多参与卸运物资，唐玉友尽量利用卸货间隙和休息时间将绝大部分稿件的译电与汇报工作完成。因翻译新闻稿件是以邮电部出版的《标准电码本》为蓝本，为了做好充分准备，他利用船舶航行期间，熟记了近1500个常用单字的电码，做到译电时基本不翻看电码本，全凭对电码的熟记，确保了以最快速度并且准确无误地完成发报工作，为机要工作争得了荣誉。

执行这次任务对唐玉友来讲，还有一个个人服从大局的问题。当他即将前往南极，参加考察和建站工作时，爱人突患重病，需要住院做手术治疗。因当时工作非常紧张，在其爱人术后住院期间直至出院，唐玉友都没有时间去护理和办理相关事宜。当时情况很棘手，他的孩子只有4岁，妻子做大手术后需要精心照料，恢复身体。唐玉友内心有过纠结：一边是重要且不容有失的工作，一边是无法安排妥当、放心不下的妻子和孩子。在这种情况下，唐玉友也曾向领导提出过换人的请求，但因时间紧迫，一时又无法找到合适的人选。经过慎重考虑，唐玉友决定以国事为重，克服各种困难去完成这次特殊的任务。唐玉友的妻子此刻也表现得非常坚强，给予了他强大的支持，鼓励唐玉友不要有任何思想包袱，专心认真地完成工作，并表示她会照顾好自己和孩子。唐玉友此时便坚定地踏上了南极考察与建站的征途。众所周知，20世纪80年代初期的通信方式是很落后的，没有电话，远在南极，书信往来也极不方便。就这样，唐玉友一边努力工作，一边思念与担忧着妻子与女儿，度过了近半年的时间。最终，他丝毫没有因为家庭的困难而影响到本职工作，圆满地完成了各项任务，为南极考察事业做出重要贡献。

韩惠军同志先进事迹

韩惠军，男，1970年8月出生，中共党员，现任黑龙江测绘地理信息局极地测绘工程中心办公室主任，测绘高级工程师。主要从事我国南极科学考察测绘项目管理、技术管理、现场任务执行和行政事务管理等工作。他先后5次执行我国南极科学考察任务，分别在中山站、长城站、昆仑站和维多利亚地新建站预选站址执行测绘科考工作，是中国第24次、第25次南极考察队优秀科考队员，历任中国第25次南极考察队长城站队科考班班长，中国第30次南极考察队维多利亚地队临时党支部委员，中国第31次南极考察队临时党委委员、维多利亚地新建站队队长兼临时党支部书记。韩惠军还是我国测绘界迄今为止唯一一名在我国全部南极考察站（点）都执行过科考任务的测绘队员。

（一）五次执行南极科考任务，用行动践行出征誓言

执行中国第24次南极科学考察任务。韩惠军同志作为测绘项目现场负责人，带领2名测绘队员执行中山站和内陆队的科学考察工作。期间，主要完成了中山站及周边区域1：500比例尺地形图测绘；像片控制测量、中山站至冰穹-A沿线冰流速点加密复测；冰穹-A区域冰盖运动观测网阵冰流速全球卫星定位点加密复测；冰穹-A区域地表1：50 000比例尺地形图数据采集和卫星角反射器安装等任务。

执行中国第25次南极科学考察任务。韩惠军作为黑龙江测绘地理信息局的现场负责人，同时还担任了长城站科考班班长职务，承担了带领来自国内7

所高校和3个科研部门的10名科考队员完成科考任务的重任。本次科考主要完成了菲尔德斯半岛、纳尔逊岛和巴顿半岛像片控制油量；长城站1∶500比例尺地形图更新等项目。

执行中国第26次南极内陆科学考察任务。科考期间，韩惠军多次冒着巨大的风险，双人单车远离站区从事野外科考工作。他和同事克服困难，圆满完成了"中山站至昆仑站内陆车队导航""中山站至昆仑站沿线冰流速点加密及复测""昆仑站及冰穹−A地区冰流速网加密及复测"等任务。

执行中国第30次南极科学考察任务。韩惠军此次赴南极罗斯海维多利亚地难言岛，执行多项基础测绘任务。期间，韩惠军参与执行营救遇险的俄罗斯籍游船和"雪龙"号脱困任务，拍摄和整理了大量的第一手新闻素材。它们成为极为珍贵的历史资料，其中的一些视频资料被国内外众多电视媒体和网络媒体争相使用，为整个救援解困行动的宣传报道发挥了极为重要的作用。随后，他在难言岛完成1∶500比例尺地形图测绘0.73平方千米，成图18幅；选埋布设了GNSS参考站1座，并进行了1个时段26小时的长时段静态数据采集；选埋布设全球卫星定位系统控制点5个，并进行了3个时段的静态数据采集。

执行中国第31次南极科学考察任务。本次考察，韩惠军同志被国家海洋局党组任命为中国第31次南极考察队临时党委委员、维多利亚地新建站队队长兼临时党支部书记职务，奉命带领维多利亚队赴南极中山站、维多利亚地难言岛完成相关科学考察任务。期间，他参加并执行了接待习近平总书记登上"雪龙"船，视察极地科考事业并慰问南极科考队员的任务；带领科考队员圆满完成难言岛新建站地质勘查、水下地形图测绘、环境评估、船舶调研和基础测绘工作。

（二）参与的科学研究项目

韩惠军作为专题负责人，承担了国家公益项目"南极测绘地理信息应用服务关键技术研究"第二专题"低空航摄与资源三点遥感影像测绘产品生产关键技术研究"的相关组织和研究工作。

参与完成了科技部"地球观测与导航技术领域"专项、国际极地年中国行动计划项目和极地专项等国家级科研项目的研究工作。

（三）完成的主要文献

韩惠军作为主要设计人之一，先后完成了《极地测绘科学考察"十二五"规划》《极地测绘"十三五"发展规划》《2014—2015年度南极重点区域基础测绘工程项目设计书》《2015年度南极重点区域基础测绘工程项目设计书》等十余篇项目设计书和专业设计书的编写。

2012年，由韩惠军组织设计完成的《南极测量控制点新标志设计方案》通过国家测绘地理信息局的评审，作为行业标准，在同年和之后的南极科学考察中投入使用。

（四）获得的奖励

2010年，参与完成的"十一五"极地基础测绘项目，获得中国测绘学会颁发的全国优秀测绘工程金奖。

2012年，参与完成的"南极内陆GPS导航及冰流速监测网建设"项目，获得了国家测绘地理信息局颁发的科技进步奖一等奖。